集体协商
集体合同工作
百问百答

肖鹏　谢巍◎编著

JITI XIESHANG
JITI HETONG GONGZUO
BAIWEN BAIDA

中国工人出版社

前言

PREFACE

集体协商是我国协商民主制的重要组成部分，也是工会维护职工群众权益、促进企事业单位发展和构建和谐劳动关系的重要工作抓手。党的二十大报告对工会工作提出了新要求，要求工会必须坚持高举维护职工合法权益旗帜，全面发展协商民主，做好维护职工合法权益、服务职工群众工作，帮助职工通过正常途径，依法主张利益诉求，积极推动完善构建和谐劳动关系协商协调机制，畅通广大职工群众的诉求表达渠道。聚焦职工关切，抓住职工群众最关心最直接最现实的利益问题，努力增进职工福祉。把竭诚服务职工群众作为工会一切工作的出发点和落脚点。实施提升职工生活品质行动，满足职工群众的美好生活需要。这为高质量做好工会工作提供了根本遵循。

我国的集体协商制度是随着改革开放的不断深入，在一系列与市场经济体制相适应、相配套的制度建设中应运而生的。从 1994 年我国颁布《中华人民共和国劳动法》正式确立了集体协商制度起，中国工会推进集体协商制度建设和实施的探索实践，已经走过了近 30 年。期间在各级工会组织的共同努力下，集体协商制度从初步建立到不断完善，从试点探索到全面铺开，已经取得了长足的发展和进步。在此过程中，虽然产生过种种困难和问题，但总体看，集体协商制度的建立和实施还是迈出了坚实的步伐，按照制度内在的规律和发展的逻辑，已经向着合理的方向发展，在促进企业发展、维护职工合法权益、实现社会和谐稳定方面发挥了重要的作用。

基于基层企事业单位的实际需求和广泛呼声，在总结梳理和借鉴吸收历年推进集体协商工作经验的基础上，我们组织专家学者编写了《集体协商集体合同工作百问百答》一书，以期通过本书更好地指导广大工会干部和相关人员规范进行集体协商工作，为构建和谐劳动关系贡献一份力量。全书由基础知识、集体协商的主体、集体协商的内容、集体协商的程序和监督检查、集体协商指导员、集体协商质效评估以及实践中常见疑难困惑问题七部分组成，总共梳理了120个问题，以一问一答的形式呈现给读者。为便于工会干部和相关人员学习使用，本书还选择了50个重要知识点编写成集体协商集体合同工作自测题，附录提供了一些与集体协商集体合同工作密切相关的法规制度，便于读者查阅。希望本书能对推进基层单位开展集体协商集体合同工作提供帮助，进而推动集体协商工作高质量开展。

本书在编写过程中，得到了黑龙江省地矿局工会原主席刘宏同志的大力支持，在此深表感谢。由于编者水平有限，书中难免有疏漏或不当之处，恳请广大工会工作者和读者批评指正。

编　者

2023年8月

目录

C O N T E N T S

第一部分 基础知识

第四部分
集体协商的程序和监督检查

JI CHU ZHI SHI

第一部分

基础知识

1 集体协商的概念是什么？其类型有哪些？

集体协商是指职工通过自己的组织（工会）或代表与之相应的用人单位或其联合组织，为调整劳动关系、确定劳动条件和劳动标准，以及签订集体合同而进行协商的行为。集体协商又叫平等协商，在全国总工会颁布的《工会参加平等协商和签订集体合同试行办法》中提出："平等协商是指企业工会代表职工与企业就涉及职工合法权益等事项进行商谈的行为。企业工会应当与企业建立平等协商制度，定期或不定期就涉及职工合法权益等事项进行平等协商。"这就是说，集体协商不仅仅单纯作为签订集体合同的程序，它同时也是调整劳动关系的一种机制。建立健全集体协商制度，企业工会与企业定期或不定期地就劳动关系中的问题及时进行协商，有利于增进相互了解，化解矛盾，促进合作，建立稳定和谐的劳动关系。

集体协商大致分为以下几种：

（1）企业集体协商。是指企业（或实行企业化管理的事业单位）职工一方与用人单位之间依法就劳动报酬、工作时间、休息休假、劳动安全卫生、保险福利、职工培训、劳动纪律以及劳动定额管理等直接涉及劳动者切身利益的规章制度或者重大事项，为达成一致意见而进行商谈交涉的行为。用人单位一方的协商代表，由用人单位法定代表人指派。职工一方的协商代表，由本单位工会选派。未建立工会的，由本单位职工民主推荐，并经本单位半数以上职工同意。

（2）行业性集体协商。是指在同行业企业相对集中的区域，由行业工会组织代表职工与同级企业代表组织或企业代表，依法就行业内企业职工劳动报酬、工作时间、休息休假、劳动安全卫生、保险福利等事项开展集体协商，签订行业性集体合同的行为。

（3）区域性集体协商。是指在一定的区域范围内，由区域工会组织与相应的区域企业组织或区域内企业方面推选产生的代表，依法就劳动报酬、工作时间、休息休假、劳动安全卫生、保险福利等事项开展集体协商，签订区域性集体合同的行为。

2 集体合同的概念是什么？其类型有哪些？

集体合同在国际上又称“集体协约”“团体协约”“劳资协议”。集体合同是集体协商双方代表之间签订的关于劳动条件、劳动标准及劳动关系问题的书面协议。

2004年1月，原劳动和社会保障部颁发的《集体合同规定》第三条规定：“本规定所称集体合同，是指用人单位与本单位职工根据法律、法规、规章的规定，就劳动报酬、工作时间、休息休假、劳动安全卫生、职业培训、保险福利等事项，通过集体协商签订的书面协议；所称专项集体合同，是指用人单位与本单位职工根据法律、法规、规章的规定，就集体协商的某项内容签订的专项书面协议。”

集体合同有如下基本类型：

（1）企业集体合同。即由企业工会代表企业全体职工与企业行政签订的集体合同。我国目前签订的集体合同大部分是企业集体合同。

（2）产业集体合同。即由各产业工会与相应产业的雇主团体和产业主管部门签订的集体合同。

（3）职业集体合同。由各级职业工会联合会与雇主团体签订的集体合同。

（4）专项集体合同。如工资集体合同、劳动保护专项集体合同、女职工权益保护专项集体合同，是就某一个事项（方面）而签订的。

注意：集体合同是与个人劳动合同相对应的。集体合同属于劳动法律制度范畴，围绕集体合同有一系列的法律规范，这些法律规范涉及：集体合同的形式，集体合同的内容，集体合同的订立，集体合同的效力，集体合同的履行、变更和终止，集体合同的管理，集体合同争议处理等。这些法律规范总称为集体合同制度。

3 集体协商与集体合同有何区别？

集体协商是指企业职工一方与用人单位之间就劳动报酬、工作时间、休息休假、劳动安全卫生、保险福利、职工培训、劳动纪律以及劳动定额管理等直接涉及劳动者切身利益的规章制度或者重大事项，依法进行平等协商的行为。从集体协商覆盖范围来划分，分为企业、区域性、行业性集体协商。

集体合同是指企业职工一方与用人单位之间就劳动报酬、工作时间、休息休假、劳动安全卫生、保险福利、职工培训、劳动纪律以及劳动定额管理等直接涉及劳动者切身利益的重大事项依法通过集体协商签订的书面协议。从集体合同所涉及的内容来划分，分为综合性集体合同和专项集体合同。

集体协商是劳动关系双方就彼此之间的权益及双方关注的相关事宜进行沟通、交涉、协调和共决的过程，也是订立集体合同的法定必经程序和实现方式。集体合同是劳动关系双方协商达成一致的成果体现，通常以书面形式订立。未经集体协商而签订的集体合同是无效的合同，集体协商的水平直接影响着集体合同的质量及其可行性。同时，集体协商也是劳动关系双方协商处理劳动关系事宜的一种有效机制。

注意：工资收入是职工最关心、最直接、最现实的利益问题，是职工经济权益的核心。从这个意义上讲，职工工资收入分配是集体合同的核心内容，开展工资集体协商是集体协商、签订集体合同的重要组成部分。

4 集体合同与劳动合同的主要区别是什么？

集体合同与劳动合同两者都是协调劳动关系的劳动法律制度，都有保障劳动者合法权益的功能，都是劳动者和用人单位之间签订的，都是用来调整劳动关系的。二者互为补充，相互联系。但两者之间又存在着明显的差别：

（1）主体不同。集体合同的当事人一方是用人单位，另一方是企业工会；劳动合同当事人一方是用人单位，另一方是劳动者个人。

（2）约束的对象不同。集体合同约束的是集体合同双方所涉及的全体成员；劳动合同仅限于规定某个具体的劳动者个人与用人单位之间的权利和义务，约束的对象是用人单位和劳动者个人。从根本上来说，劳动合同和集体合同都是为了维护职工合法权益，但是订立劳动合同是为了维护单个劳动者的合法权益，而订立集体合同则主要是为劳动者团体的合法权益提供兜底性保护。

（3）签订的程序不同。集体合同在协商主体、协商程序、职工代表大会审议程序、报送行政部门审查等方面都有严格的规定。签订集体合同必须经过协商并经职代会和全体职工讨论通过，以书面形式签订，并报劳动部门审核备案。而劳动合同签订则比较简便灵活，当事人可以采取各种方式自行协商，意思表示一致即可签订劳动合同。

（4）内容不同。集体合同与劳动合同都涉及劳动条件和劳动标准的内容，但集体合同规定的是劳动者集体的劳动标准和条件，劳动合同规定的则是具体到个人的劳动标准和条件。集体合同调整的是集体劳动关系，劳动合同调整的是个人劳动关系。

（5）效力不同。劳动合同对单个劳动者和用人单位有法律效力；集体合同对签订合同的用人单位及其单位全体职工都具有法律效力。职工个人与用人单位签订的劳动合同中，劳动条件和劳动报酬等标准不得低于集体合同的规定。一般情况下，集体合同优先适用，从而使职工获得比劳动合同更好的劳动条件。但是，当劳动合同约定的劳动条件、劳动标准等高于集体合同时，就适用劳动合同的规定。

（6）生效程序不同。劳动合同由双方当事人签字确认即生效，集体合同签订后还应当报送人力资源和社会保障行政部门，由劳动行政部门对集体合同进行审查，只有人力资源和社会保障行政部门自收到集体合同文本之日起十五日内没有提出异议的，集体合同才能生效。

注意：一般而言，劳动合同关于劳动者权益的规定不得低于集体合同的标准。对于劳动合同没有规定或者规定不详的事项，集体合同具有补充功能。

5 什么是工资集体协商和工资专项集体合同？

工资是指企业根据国家规定或者劳动合同的约定，依法以货币形式支付给劳动者的劳动报酬。工资又称薪金，其广义可称为职工劳动报酬，是指劳动关系中职工因履行劳动义务而获得的，由企业以法定方式支付的各种形式的物质补偿。其狭义仅指职工劳动报酬中的工资，包括计时工资、计件工资、奖金、津贴和补贴、加班加点工资以及特殊情况下支付的工资等，不包括企业承担的社会保险费用、住房公积金、劳动保护、职工福利和职工教育费用等。

工资集体协商是指企业职工一方与用人单位依法就企业内部工资分配制度、工资分配形式、工资支付办法、工资标准等事项，为签订工资专项集体合同进行商谈的行为。而工资专项集体合同是指企业职工一方与用人单位专门就企业内部工资分配制度、工资分配形式、工资支付办法、工资标准等事项签订的集体合同。

注意：工资集体协商和工资专项集体合同之间是程序与结果的关系。工资集体协商是签订工资专项集体合同的必经程序和重要阶段，而工资专项集体合同是工资集体协商的结果。工资集体协商的结果既可以形成工资专项集体合同，也可以作为集体合同的一个组成部分或附件，与集体合同具有同等的法律效力。

6 集体协商应当遵循的原则有哪些?

根据《集体合同规定》的要求，开展集体协商应当遵循以下五个方面的原则：

（1）遵守法律、法规、规章以及国家有关规定。协商双方应当熟悉并掌握法律、法规、规章以及国家有关规定，依法开展工作，做到主体、内容、形式、程序合法，集体协商的实体内容及程序操作规范到位。

（2）做到相互尊重、平等协商。劳动关系双方都应公正对待对方当事人依法享有的平等地位及利益主张，双方都不应该采取回避、拒绝或者歧视的态度。

（3）做到诚实守信、公平合作。诚实守信，就是协商双方坦诚互信，恪守承诺，并能够切实担当起法律责任。公平合作，就是协商双方不仅能够站在客观公正的立场寻求解决问题的途径，弥合分歧，取得共识，而且能够共同维护集体合同的法律尊严，使签订的集体合同能够通过劳动关系双方的共同努力得到切实履行。

（4）兼顾双方正当合法权益。开展集体协商，必须始终立足于兼顾劳动关系双方正当合法权益，将企业长远发展与职工的具体利益相结合，谋求与实现劳动关系双方权益的共赢，达到促进企业发展、维护职工权益的目的。

（5）任何一方都不得采取过激行为。劳动关系双方在协商及合同履行过程中，应当采取理智和克制的态度，在法律范围内调处争议，把表达利益诉求控制在理性、有序的范围之内。

7 在工资集体协商中，工会应发挥怎样的作用？

在工资集体协商中，工会一般应发挥以下几方面作用：

（1）宣传教育作用。各级工会要加大宣传力度，认真做好宣传教育引导工作，提高企业经营者和职工群众的认知度。要积极做好舆论宣传，通过工资集体协商宣传月、宣传周、宣传日等活动，宣传有关工资集体协商的法律、法规、政策和相关知识，宣传工资集体协商工作好的经验和先进典型，广泛为工资集体协商造势，为开展工资集体协商营造良好的社会和舆论氛围。

（2）源头参与作用。各级工会通过源头参与，推动有关工资集体协商法律、政策的制定，为工资集体协商提供法律、政策保障。在工资集体协商工作中有的协商主体不明确、执法主体不到位、履约监督不落实、违约责任难追究，工资集体协商缺乏明确的法律依据，造成工资集体协商签约难、履约难、监督难。因此，必须加快工资集体协商立法，完善相关法律法规，以期在根本上保障工资集体协商制度的建立和协商双方的平等协商与共决，形成法治化推进的工作格局。

（3）规范指导作用。工资集体协商作为一种法律规定的协调劳动关系制度，具有较强的规范性。因此，各级工会应当加强开展工资集体协商的规范化运作，确保工资集体协商依法合规进行。一要加强制度建设，进一步完善各项制度；二要制定工资集体协商实施方案，明确计划、目标、任务、方法步骤；三要建立专家型的工资集体协商指导员队伍，承担培训、咨询、指导和参与协商、监督检查等职责；四要加强分类指导，加强行业性、区域性工资集体协商指导；五要加强职工方工资集体协商代表培训教育工作，提高协商代表的能力素质；六要适时通报工资集体协商动态，交流经验，进行理论研究、咨询。

（4）争议调处作用。当工资集体协商出现重大意见分歧时，上级工会应及时介入，协调沟通，化解矛盾，确保工资集体协商工作顺利实施。当因签订工资专项集体合同发生争议时，企业工会应当尽量与企业协商解决，通过民主讨论的办法化解矛盾。地方工会、产业工会应当提供支持帮助，通过协商解决纠纷。当履行工资专项集体合同发生争议时，企业工会可以与企业协商解决，协商解决不成，企业工会可以依法通过仲裁、诉讼的法律途径解决，地方工会、产业工会应当支持企业工会提起仲裁、诉讼，用法律手段确保工资专项集体合同的履行。

（5）监督检查作用。工会应重视工资集体协商的监督检查工作，从实际出发，采取适合本地区、本企业实际的监督检查组织形式，建立和完善工资集体协商监督检查制度，针对实践中存在的问题，加大监督检查力度。同时，要与有关部门配合，做好工资专项集体合同的履行和监督检查工作。一是将工资集体协商工作纳入人大执法检查和政协委员视察的重要内容；二是加大与人力资源和社会保障部门的合作，做好区域内工资集体协商的日常监督检查工作，对拒绝开展工资集体协商的企业，依法追究法律责任；三是有效发挥职工代表大会的作用，通过组织职工代表巡视、厂务公开、向职代会报告等形式，对工资专项集体合同履行情况进行监督检查。

（6）参与协商作用。按照法律规定，工会可以代表职工与企业进行工资集体协商。县级以下的区域性、行业性工会组织可以通过“上代下”“上参下”的方式直接参与工资集体协商。

8 集体合同制度的法律法规和行政规章有哪些？

我国的法律法规和行政规章对集体合同制度是有规定的。在法律、地方性法规和规章以及部颁行政规章三个层面都有明确的规定：

（1）在法律层面，《劳动法》《工会法》《劳动合同法》《公司法》《社会保险法》《劳动争议调解仲裁法》等法律均对集体合同制度作出相应规定。

（2）在地方性法规和规章层面，截至 2020 年 7 月底，共计 30 个省区市出台了 42 部省级地方性法规和规章，其中包括 38 部省级集体合同条例和工资集体协商条例和 4 部省级规章。

（3）在部颁行政规章层面，《集体合同规定》《工资支付暂行规定》《工资集体协商试行办法》《最低工资规定》等均对集体合同制度作出相应规定。

9 如何协调劳动关系三方充分发挥在推进集体协商机制建设中的作用？

在实际工作中，由于协调劳动关系三方组织的性质地位、职能作用、工作方式手段的不同，三方都具有自身独特的优势：

（1）政府人力资源和社会保障部门，承担劳动保障行政管理职责，要发挥在推进集体协商机制建设中的主导作用。其作用主要是：参与和推动集体合同立法，制定发布集体合同行政规章，制定推进集体协商工作规划，对签订、履行集体合同情况进行监督检查，督促集体合同制度贯彻落实；发布有关本地区行业工资指导线、劳动力指导价位、劳动定额标准等方面的数据信息，为开展集体协商提供支持。

（2）工会组织作为党领导下的职工自愿结合的工人阶级群众组织，要发挥在推进集体协商机制建设中职工利益表达和维护者的角色作用。其作用主要是：参与和推动集体合同立法；就集体协商工作中的重大问题代表职工方与政府、企业进行沟通和协调；培训集体协商指导员和职工协商代表，提高其业务素质和协商能力。

（3）企业联合会／企业家协会、工商联作为企业和雇主组织代表，要发挥维护企业和企业经营者合法权益、引导企业经营者担负企业社会责任、积极开展集体协商、促进企业健康发展的主要作用。其作用主要是：参与和推动集体合同立法；就推动集体协商工作中的重大问题代表企业方与政府、工会进行沟通和协调；指导和推动企业积极开展集体协商；就企业开展集体协商工作进行培训；加强基层企业代表组织建设，为开展集体协商奠定组织基础。

10 实施劳动关系“和谐同行”能力提升三年行动计划，对加强集体协商集体合同制度建设有何意义？

2020年9月，国家协调劳动关系三方印发通知，部署实施劳动关系“和谐同行”能力提升三年行动计划。明确自2020年9月至2023年9月在全国范围实施“和谐劳动关系百千万计划”“重点企业用工指导计划”和“企业薪酬指引计划”，推动劳动关系工作方式方法创新，改进和完善对企业劳动用工、工资分配的指导和服务，提升劳动关系公共服务能力和基层调解仲裁工作效能，扎实推进劳动关系治理体系和治理能力建设。劳动关系“和谐同行”能力提升三年行动计划是国家协调劳动关系三方贯彻党中央、国务院关于构建和谐劳动关系的重大决策部署，事关职工群众和企业利益，事关社会和谐稳定，对推进劳动关系和谐和产业工人队伍建设改革，改进企业劳动用工、工资分配的指导和服务，加强新时代集体协商与集体合同制度建设具有重要的引导和指导意义。

11 为什么说集体合同制度是协调劳动关系的重要机制？

集体合同制度是协调劳动关系重要机制的原因主要有以下三个方面：

（1）集体合同制度是协调劳动关系、建立起一整套相互衔接、具有内在逻辑关联的制度保障。目前，我国初步建立的协调劳动关系制度，主要有协调劳动关系三方机制、劳动合同制度、集体合同制度和劳动争议调处制度。在这四项制度中，协调劳动关系三方机制通过协调劳动关系各方共同参与法律法规以及相关政策的制定，为各种微观调整劳动关系制度奠定基础、提供规则依据。

（2）劳动合同制度、集体合同制度和劳动争议调处制度以劳动关系领域的法律法规和相关政策为依据，对劳动关系的建立、运行以及终止全过程进行具体规范。

（3）集体合同制度兼顾了协调劳动关系的各种制度，上承劳动法律法规和相关政策确立的劳动基准，下启个体劳动合同，克服单个劳动合同签订过程中双方力量不对等的先天不足，在协调劳动关系的各项制度中起着担纲主线、贯穿始终的作用。

12 工会履行基本职责为什么必须开展集体协商？

首先，要先从工会的性质说起。工会是经济关系、劳动关系矛盾的产物，是党领导下的职工自愿结合的工人阶级群众组织。职工参加工会组织的目的，就是期望工会能够代表和维护职工自身的利益。

其次，《工会法》明确规定，“维护职工合法权益、竭诚服务职工群众是工会的基本职责”“工会通过平等协商和集体合同制度等，推动健全劳动关系协调机制，维护职工劳动权益，构建和谐劳动关系”。履行基本职责，法律赋予工会很多权利和方法，其中最重要的就是工会代表职工，就保护劳动者合法权益与用人单位进行平等协商、签订集体合同。职工群众的合法权益是在劳动关系建立和发展变化的过程中形成和实现的，这要求工会必须始终依法参与劳动关系的调整，在这个过程中去实现对职工群众利益的代表和维护。

最后，签订集体合同的过程，就是依照相关法律、法规、规章规定，具体施行集体协商，完成集体合同签订的过程，从整体上实现对职工劳动权利的维护，是企业与职工之间劳动关系的总体规范和调整，是企业调整劳动关系最有效的机制与办法。同时，工会通过开展集体协商还可以把工会组建工作、职代会、劳动安全卫生等许多方面的重点工作都带动起来。因此说，工会履行基本职责就必须开展集体协商。

13 诚信协商的意义是什么？

诚信协商又称善意协商、真诚协商。集体协商开展的一个重要条件是谈判双方之间的信任程度，它也是集体协商制度的重要内容。诚信协商是有效劳动关系的基础和前提，它意味着双方进行有效的沟通和谈判，意味着双方的主张互相磨合，意味着双方一定会尽最大的努力以达成一致意见。

诚信协商对于谈判的成功至关重要，虽然从实践来看，作出部分让步和妥协是必要的，但这并不代表企业需要被迫地同意某一主张或必须做出任何具体让步。我国《集体合同规定》第五条规定："进行集体协商，签订集体合同或专项集体合同，应当遵循下列原则：（一）遵守法律、法规、规章及国家有关规定；（二）相互尊重，平等协商；（三）诚实守信，公平合作；（四）兼顾双方合法权益；（五）不得采取过激行为。"其中就涵盖了诚信协商的法律义务。

14 为什么要开展工资集体协商？

（1）开展工资集体协商是加强和改善民生、促进加快转变经济发展方式的实际举措。

目前，我国收入分配领域存在着居民收入在国民收入分配中的比重偏低、低收入职工比例大且主要集中在一线和农民工群体、垄断行业收入畸高、违反分配政策的现象大量存在等问题。出现这些问题的原因，除宏观上由有关法规政策和改革的具体措施跟不上经济社会发展和人民群众需求所致之外，从微观层面讲，与企业工资集体协商机制不够健全完善，作用发挥不够好有直接关系。开展工资集体协商是促进收入分配制度改革、加快转变经济发展方式的关键切入点，能够提高广大劳动者的收入水平，是改善民生、促进加快转变经济发展方式的重要一环。

（2）开展工资集体协商是发展和谐劳动关系、促进社会和谐稳定的重要途径。

当前，我国劳动关系整体和谐稳定，但也有一些突出矛盾和问题亟待解决。发展和谐劳动关系是促进社会和谐的重要切入点。开展工资集体协商能够有效架起劳动关系双方沟通的桥梁，对于化解劳资矛盾、构建和谐劳动关系具有更加直接的作用。从这个意义上看，通过制定工资集体协商制度，建立起职工工资正常增长机制和支付保障机制，就能更好地在构建和谐劳动关系中推动科学发展，促进社会和谐。

（3）开展工资集体协商是维护职工劳动经济权益、实现共建共享的现实需要。

实践证明，激发企业内生动力、促进企业分配制度改革，平衡企业劳动关系双方利益、促进企业科学发展需要大力推进工资集体协商。一方面，推进工资集体协商有利于保障职工基本经济权益，实现劳动关系双方互利共赢。通过劳动关系双方进行工资集体协商签订集体合同，能使职工得到合理的劳动收入，激发其积极性、主动性和创造性，为企业的现实利益和长远发展提供有力的保障和支持。另一方面，推进工资集体协商有利于职工共享企业发展成果，实现体面劳动。增强职工的归属感、自尊心，从而与企业加强合作，共谋企业发展。

（4）开展工资集体协商是工会组织履行职责、体现作为的客观要求。

工会的基本职责就是维护职工的合法权益、竭诚服务职工群众，而劳动报酬是职工合法权益的核心内容。开展工资集体协商，为工会履行维护职能搭建了重要平台和载体，通过开展工资集体协商，工会组织代表职工与企业方进行博弈，就能够促进职工工资增长与企业效益增长相协调，提高劳动报酬在初次分配中的比重，改善职工生活水平，为进一步增强工会组织的凝聚力和吸引力打下坚实的基础。

15 集体合同的特殊功能是什么?

在保护劳动者权益和协调劳动关系方面，集体合同具有劳动法律法规和劳动合同所无法取代的功能。

一方面，集体合同可以弥补劳动立法的不足。劳动立法关于劳动者的利益标准属于基本标准，只能对劳动者起到底线保护作用。这是立法的局限性。同时，劳动立法关于劳动者利益和协调劳动关系的规定一般是原则性规定，相比于复杂多变的劳动关系而言难免有所滞后。通过集体合同，可以将劳动立法所做出的原则性规定具体化，做出高于法定标准的约定，从而使劳动者利益保护的水平能够高于法定标准。

另一方面，集体合同可以弥补劳动合同的不足。单个劳动者相对用人单位而言一般处于弱势地位，不足以与用人单位相抗衡，而由工会代表全体劳动者签订集体合同，就可以与用人单位平等协商，能较好地维护职工的整体权益。

JI TI XIE SHANG DE ZHU TI

第二部分

集体协商的主体

16 什么是集体协商的主体?

集体协商的主体，一般是指就劳动报酬、工作时间、休息休假、劳动安全卫生、保险福利等事项进行平等协商，并订立、变更或解除集体合同的双方当事人。

在《劳动合同法》中第五十一条第二款明确规定，集体合同由工会代表企业职工一方与用人单位订立；尚未建立工会的用人单位，由上级工会指导劳动者推举的代表与用人单位订立。从这一规定可以看出，在通过集体协商签订集体合同的情况下，集体合同的签订主体和开展集体协商的主体实质上是一致的。

17 区域性、行业性集体协商的主体是什么?

在区域性集体协商中，其职工一方的主体为区域性联合工会或基层工会联合会；用人单位一方的主体是与区域性联合工会或基层工会联合会覆盖范围相对应的区域性企业代表组织，包括企业联合会、企业家协会、工商联等各种企业代表组织。

在行业性集体协商中，其双方主体主要有以下三种：一是行业工会（或工会联合会）和行业内企业代表组织；二是行业工会和行业内企业方推荐产生的代表；三是行业工会和行业所属各企业行政方。对于未组建行业工会的，还可由行业所在区域的工会作为主体代表行业工会行使职能。

注意：企业代表组织不应仅限于企业联合会、企业家协会，还应包括工商联、行业商会等各种企业代表组织。

18 什么是集体协商代表和首席集体协商代表?

集体协商代表是指按照法定程序产生并有权代表本方利益进行集体协商的人员。集体协商代表应依照法定程序产生，双方的代表人数应当对等，每方至少 3 人。职工一方的集体协商代表由本单位工会选派；未建立工会的，由本单位职工民主推荐并经本单位半数以上职工同意。

首席集体协商代表是集体协商双方各自推选的本方对集体协商进程起主导作用的协商代表，其主要任务是集体协商期间主持协商会议，负责集体协商的有关组织协调工作，并对协商过程中发生的问题提出处理建议、签署集体协商会议纪要或集体合同文本等。

注意：根据《集体合同规定》，职工一方的首席代表由本单位工会主席担任，工会主席可以书面委托其他协商代表代理首席代表。工会主席空缺的，首席代表由工会主要负责人担任。未建立工会的，职工一方的首席代表从协商代表中民主推举产生。用人单位一方的首席代表由单位法定代表人担任或由其书面委托的其他管理人员担任。双方首席协商代表均不得由非本单位人员代理。

19 集体协商代表产生和确定的原则是什么？

集体协商代表，是由企业一方与职工一方各自选派，就劳动关系有关事项进行集体协商的人员。

对于已经建立工会的企业，职工一方的协商代表应由本企业工会选派，建立女职工委员会的，还应当有女性协商代表。首席代表由本单位工会主席担任，工会主席空缺的，由工会主要负责人担任。

对于尚未建立工会的企业，职工一方的协商代表由上级工会指导职工民主推荐，并经本企业半数以上职工同意，首席代表由协商代表民主推荐产生。

企业一方的协商代表由企业法定代表人指派，首席代表由法定代表人或者其书面委托之人担任。

集体协商双方根据实际需要，还可以聘请本企业以外的专业人员担任本方协商代表，但其人数不得超过本方协商代表人数的三分之一。

通常来说，集体协商代表的确定原则有四个方面。一是适合原则。根据集体协商内容的难易程度、复杂程度及工作量大小来确定协商代表人数。二是结构原则。集体协商代表人员配备要考虑人员结构的合理与配套，一般包括熟悉生产经营管理人员、熟悉劳动工资人员、精通财务人员、熟悉法律人员等。三是精干原则。集体协商代表人员要尽量少而精，避免臃肿低效。四是对应原则。双方参加集体协商人员的数量应当对等，也可根据对方代表的专业情况，选派相应的代表参加。

20 如何做好集体协商代表的推选工作？

推选协商代表应把握三个原则：

（1）必须保证代表的广泛性。在一个企业或行业中，不同的职工群体有不同的利益诉求，比如蓝领工人与白领工人的诉求肯定是不同的，甚至不同工作岗位的职工也有不同的诉求。因此，在推选协商代表时，要充分考虑协商代表对不同群体的代表性，尽量使不同群体的职工都能有相关代表参与到协商谈判中，在协商中代表和体现他们的利益，只有这样才能让职工感受到集体协商与他们切身利益是密切相关的。

（2）必须保证代表具有较高的个人素质。在推选协商代表时，要考虑代表的个人威望和个人思考表达能力。再好的议题也需要恰当地表达出来才更容易被接受。在企业中，职工与企业行政在事实上地位不平等，这导致普通职工代表在与企业行政进行面对面协商时，难免会有不敢说话的情况。因此，工会要做好人员选择和正确引导工作。尽量推选普通职工中威望比较高的职工，比如劳动模范等工作表现好的、在平常敢代表职工说话的、表达能力强的职工等。

（3）积极借助专业力量。在协商中往往会涉及劳动、法律、财务等方面的问题，有的是工会干部和职工代表并不精通的领域。因此，在选择协商代表时要积极借助专业力量。要发挥好专兼职集体协商指导员的作用，让集体协商指导员队伍中的专业人才深入一线，积极参与到协商工作中去。另外，也可以根据协商的需要，从律师事务所、会计师事务所、相关劳动部门聘请或邀请法律、财务、审计、劳动报酬管理等方面的专家学者，通过外聘专业人才增强协商能力。

21 在集体协商中职工方协商代表需要履行哪些职责？

在集体协商过程中，职工方协商代表应履行下列职责：一是参加集体协商；二是接受本方人员质询，及时向本方人员公布协商情况并征求意见；三是提供与集体协商有关的情况和资料；四是代表本方参加集体协商争议的处理；五是监督集体合同或专项集体合同的履行；六是法律、法规和规章规定的其他职责。

22 职工方协商代表拥有哪些权利和义务？

根据《集体合同规定》和《工资集体协商试行办法》的相关规定，职工方协商代表拥有以下权利：一是提出集体协商的要求及协商事项；二是要求对方提供与集体协商有关的情况和资料；三是对协商规则等程序性事项提出意见和建议；四是依法进行集体协商，就协商事项发表意见，包括提出建议、进行陈述、表示赞成或否决；五是代表职工方订立、变更、解除集体合同；六是接受首席代表委托，代签合同；七是企业内部的协商代表参加集体协商视为提供了正常劳动。

同时规定，职工方协商代表应承担以下义务：一是维护本企业正常的生产、工作秩序，不得采取威胁、收买、欺骗等行为；二是如实向对方提供与集体协商有关的情况和资料；三是保守在集体协商过程中知悉的用人单位的商业秘密；四是依照有关法律、法规和平等合作的原则，从企业的实际情况出发，进行集体协商；五是尊重对方协商代表的人格，不得采取歧视性、胁迫性行为；六是切实代表职工方的利益，及时与职工方沟通集体协商的情况；七是对协商过程中的个人意见保密。

23 对职工方协商代表的特殊保护有哪些具体规定?

《工资集体协商试行办法》和《集体合同规定》中对职工方协商代表有下列四个方面的特殊保护规定：

（1）用人单位不得以任何借口，对职工方协商代表进行打击报复。

（2）职工方协商代表在其履行协商代表职责期间劳动合同期满的，劳动合同期限自动延长至完成履行协商代表职责之时。除个人严重过失外，用人单位不得与其解除劳动合同。

（3）职工方协商代表履行协商代表职责期间，用人单位无正当理由不得调整其工作岗位。

（4）企业内部的协商代表参加集体协商视为提供了正常劳动。

24 职工方集体协商代表如何做好协商前的准备工作？

（1）宣传教育。通过各种途径和形式，大力宣传集体协商的重要意义，宣传集体协商的基本知识和有关规定，提高企业经营管理人员和广大职工的认知度，形成共识，为开展集体协商奠定坚实的思想基础。

（2）熟悉有关法律法规。在开展集体协商前，集体协商代表应当认真学习、了解与集体协商有关的法律、法规、规章和制度，如《劳动法》《工会法》《劳动合同法》《集体合同规定》等，为集体协商提供法律支撑。

（3）收集了解与集体协商有关的情况和资料。进行集体协商需要用事实和数据说话，因此应当收集了解与集体协商有关的情况和资料，如当地政府发布的工资指导线、劳动力市场工资指导价位、最低工资标准、城镇居民消费价格指数等。还应当收集了解企业内部的信息资料，如企业的劳动生产率、经济效益、财务状况等。

（4）充分征求职工的意见。通过工会小组会、不同人员座谈会、问卷调查等形式，广泛了解职工群众在工资方面的意愿和要求。

（5）做好人员的分工准备。根据角色分工，对负责阐述的内容做好充分准备，做到谈判时有的放矢，观点鲜明。

（6）制定集体协商实施方案。包括集体协商目标、措施、方法、工作日程、协商论据、策略等。

（7）确定集体协商记录员。双方共同确定1名非协商代表担任集体协商记录员。记录员应保持中立、公正，并为集体协商双方保密。

注意：职工方集体协商代表在收集信息资料时的主要方法包括，查询有关档案、资料；走访有关部门，如统计部门、物价部门、人力资源和社会保障部门等；向有关管理人员咨询，如企业财务人员、人力资源部门人员等。根据规定，在不违反法律、法规的前提下，协商双方有义务按照对方要求，适时提供与集体协商有关的真实情况和资料。

25 工会如何在开展集体协商中真正体现职工的愿望和诉求？

工会在代表职工进行协商时，一定要广泛征集和真正代表大多数职工的愿望和诉求。工会在协商中之所以有力量，是因为其代表职工，代表民意。如果协商议题只是代表工会的意见，甚至是工会主席个人的意见，这样的意见是注定得不到重视的，也是很难被接受和采纳的。对于推动开展协商比较困难的企业，深入了解、掌握职工意愿和诉求，也是其顺利推动协商开展的重要方式。

了解职工诉求，征集职工意见建议。一方面，要重视工会日常与职工的沟通。在工会日常工作中，必须保证工会与职工的沟通渠道是畅通的，这包括工会组织体系健全，工会各项民主制度切实发挥作用。工会在日常与职工的接触沟通中，要对职工提出的意见建议进行归纳总结，对合理的意见建议要进行深入调查，确定其是否具有普遍性，是不是绝大多数职工的整体诉求，在协商时要将日常收集归纳的具有普遍性的职工的合理诉求列入议题选择范围。另一方面，在协商前要进行一次系统的广泛而全面的职工意见征集活动。通过工会组织网络层层征集，或通过网络媒体等其他途径进行广泛征集。对职工提出的意见建议要进行深入分析，确定哪些是合理的，哪些是不合理的；哪些是职工普遍的诉求，哪些只是少数职工的意愿；哪些通过协商有可能解决，哪些还不具备解决的条件，通过分析将大多数职工的可以解决的合理诉求作为协商议题。在协商过程中，也要将协商内容充分公开，根据职工意见对协商议题进行不断修正，务求取得实效。总之，工会对职工的意愿诉求要做到心中有数，只有有事可谈，资方才会真正坐下来进行协商。

26 工会是集体协商的法定主体吗?

要回答这个问题，我们首先就要看看相关的法律法规是如何规定的。《劳动法》第三十三条第二款规定：“集体合同由工会代表职工与企业签订；没有建立工会的企业，由职工推举的代表与企业签订。”《工会法》第二十一条第一款至第三款规定：“工会帮助、指导职工与企业、实行企业化管理的事业单位、社会组织签订劳动合同。工会代表职工与企业、实行企业化管理的事业单位、社会组织进行平等协商，依法签订集体合同。集体合同草案应当提交职工代表大会或者全体职工讨论通过。工会签订集体合同，上级工会应当给予支持和帮助。”《劳动合同法》第五十一条第二款规定：“集体合同由工会代表企业职工一方与用人单位订立；尚未建立工会的用人单位，由上级工会指导劳动者推举的代表与用人单位订立。”由此可见，工会是集体协商职工一方的主体，这一地位是由法律明确规定的，是毋庸置疑的。

27 如何确定和培育区域性、行业性集体协商的主体?

区域性、行业性集体协商的职工方代表应由区域或行业的工会组织选派，并经过区域性、行业性职工代表大会或其他民主程序的确认，职工方首席代表应由区域、行业工会主要负责人担任。企业方代表则应由相应一级的企业联合会 / 企业家协会、工商联、私营企业协会、外资企业商会等企业代表组织推荐，征求企业业主意见后产生，也可由区域内和行业内的企业经民主推选或授权委托等方式产生。企业方首席代表由企业代表组织负责人担任，也可由企业方协商代表共同推荐一人担任。

要加强基层工会组织建设，在中小企业比较集中的乡镇

（街道）和工业园区，完善区域性、行业性工会组织建设，把开展区域性、行业性集体协商作为乡镇（街道）和园区工会发挥作用的重要抓手，最大限度地把乡镇（街道）和园区内非公有制企业覆盖到区域性、行业性集体协商的范畴。

要推动有关部门建立健全行业协会、商会等企业代表组织，培育集体协商中和职工方对等的企业代表主体，并联合有关部门加强对区域、行业工会和企业负责人的培训，提高他们依法开展集体协商的能力素质，从而完善协商主体的构建，推进本地区区域性、行业性集体协商工作深入开展。

28 在区域性、行业性集体协商中，上级工会应发挥哪些作用？

在区域性、行业性集体协商中，上级工会主要应发挥以下三方面作用。

（1）观察指导作用。上级工会根据需要可以派相关人员观察区域性、行业性集体协商活动，这样能够更好地督促集体协商的过程严格按照法律规定的程序进行。需要说明的是，观察员的职责是实地了解集体协商情况，在集体协商会议中，未经双方首席代表同意，不宜就集体协商事项发表意见。

（2）委托参与作用。上级工会可以根据需要，受聘担任职工一方的协商代表，直接介入协商的过程。上级工会参与协商可以在一定程度上解决职工方不敢谈、不会谈的问题。

（3）调处争议作用。当劳资双方在协商过程中发生分歧，无法达成一致意见时，上级工会可以主动介入，指导双方继续有序协商，提出合理建设性意见，促成双方最终达成一致意见。

29 在行业性工资集体协商中，如何培育协商的对应主体？

从目前的情况看，开展行业性工资集体协商的当务之急，是要培育协商的对应主体。

一方面，要大力加强行业工会组织建设，在中小型非公有制企业比较集中的乡镇、街道、社区、工业园区等，把分散的工会力量联合起来，集中组建行业性工会联合会，建立健全工作制度和运行机制，加大对资金、编制支持力度，通过行业工会联合会覆盖面广的优势，增强行业性工资集体协商在当地的影响力。

另一方面，要培育相应的企业雇主代表组织。行业协会熟悉行业政策及标准，有协商、引导和管理同行业企业的能力，在工资集体协商中具有不可替代的作用。而目前我国行业协会的发展不平衡，组织不健全、会员单位少等因素制约着行业协会发展，使其没有真正发挥出指导企业合理进行工资分配、合理确定工资水平的独特优势。因此，要在县区、乡镇、街道、工业园区等行业特征明显的地区积极培育具有广泛代表性的行业性企业雇主代表组织，发挥行业协会在工资集体协商中的积极作用。

30 区域性工资集体协商的主要程序和注意事项是什么？

（一）区域性工资集体协商的主要程序有以下两个方面：

（1）把握协商主体资格。推行区域性工资集体协商，要特别注意把握协商主体，应根据实际需要，由区域工会组织与相应的企业代表组织进行工资集体协商，签订工资专项集体合同；也可由区域工会组织与区域内所属企业分别进行工资集体协商，签订工资专项集体合同；还可由区域工会组织与区域内经全体企业民主推选或授权委托等方式产生的企业方协商代表进行工资集体协商，签订工资专项集体合同。

（2）明确协商内容。在协商的内容上，应以本区域工资底线为协商重点，同时围绕有关工资的突出问题、共性问题，坚持与区域经济发展相适应，协商确定有关工资的其他问题。人力资本对经济增长贡献较大的区域，应增大工资集体协商制度对工资水平的调节力度，加强指导，探索劳动力作为生产要素参与分配的合理比例。以劳动密集型企业为主的区域，应加大区域性的同行业工资集体协商，签订区域内的行业性工资专项集体合同，使其成为区域内本行业共同遵守的标准和准则。

（二）深入开展区域性工资集体协商，需要注意以下两点：

（1）按照我国法律规定，区域性工资集体协商的适用范围是有限制的，要在县级以下区域内开展。由于企业性质差异、各行业劳动者需求不同等因素，在一个较大区域内协商签订工资专项集体合同往往比较困难，即使签订工资专项集体合同也往往因为缺少针对性而难以实施。因此，区域性工资集体协商一般而言不适合大范围大区域地开展。

（2）区域性工资专项集体合同最明显的优势是，在镇、村、街道等较小区域充分发挥基层工会熟悉当地企业状况、紧密联系职工的优势，就当地某些特殊情况、特殊需要订立区域性工资专项集体合同。如果区域内同行业／产业的企业数量较多，则可以考虑在区域的框架下，签订行业性工资专项集体合同，提高针对性，增强实效性。

JI TI XIE SHANG DE NEI RONG

第三部分

集体协商的内容

31 集体协商的主要内容是什么？

集体协商双方可以就下列多项或某项内容进行集体协商，签订集体合同或专项集体合同：

（1）劳动报酬方面。主要包括：用人单位工资水平、工资分配制度、工资标准和工资分配形式；工资支付办法；加班、加点工资及津贴、补贴标准和奖金分配办法；工资调整办法；试用期及病、事假等期间的工资待遇；特殊情况下职工工资（生活费）支付办法；其他劳动报酬分配办法。

（2）工作时间方面。主要包括：工时制度；加班加点办法；特殊工种的工作时间；劳动定额标准。

（3）休息休假方面。主要包括：日休息时间、周休息日安排、年休假办法；不能实行标准工时职工的休息休假；其他假期。

（4）劳动安全卫生方面。主要包括：劳动安全卫生责任制；劳动条件和安全技术措施；安全操作规程；劳保用品发放标准；定期健康检查和职工健康体检。

（5）补充保险和福利方面。主要包括：补充保险的种类、范围；基本福利制度和福利设施；医疗期延长及其待遇；职工亲属福利制度。

（6）女职工和未成年工的特殊保护方面。主要包括：女职工和未成年工禁忌从事的劳动；女职工的经期、孕期、产期和哺乳期的劳动保护；女职工、未成年工定期健康检查；未成年工的使用和登记制度。

（7）职业技能培训方面。主要包括：职业技能培训项目规划及年度计划；职业技能培训费用的提取和使用；保障和改善职业技能培训的措施。

（8）劳动合同管理方面。主要包括：劳动合同签订时间；确定劳动合同期限的条件；劳动合同变更、解除、续订的一般原则及无固定期限劳动合同的终止条件；试用期的条件和期限。

（9）有关奖惩方面。主要包括：劳动纪律；考核奖惩制度；奖惩程序。

（10）有关裁员方面。主要包括：裁员的方案；裁员的程序；裁员的实施办法和补偿标准。

（11）集体合同期限方面。主要包括：集体合同或专项集体合同期限一般为 1 至 3 年，工资专项集体合同期限一般是 1 年。

（12）变更、解除集体合同的程序方面。主要包括：双方协商代表协商一致，可以变更或解除集体合同或专项集体合同。集体合同期满或双方约定的终止条件出现，集体合同即行终止。

（13）履行集体合同发生争议时的协商处理办法方面。主要包括：协商处理争议的参加人员、范围、原则、程序、办法以及申请仲裁的条件等。

（14）违反集体合同的责任方面。主要包括：集体合同履行情况的监督检查组织、制度和方法，违反集体合同的督促整改办法，违约责任认定和处理办法等。

（15）双方认为应当协商的其他内容。

32 集体合同应包括哪些基本内容?

一般情况下，一份比较完善的集体合同应包括以下四个方面的基本内容：

（1）集体合同名称。一般在卷首标明该集体合同的名称。

（2）序言。序言是集体合同正文前的一段叙述性文字，相当于总则，应写明签订集体合同的目的、意义、依据等。也有的省略序言而直接进入正文，把正文的第一部分作为总则，介绍签订集体合同的目的、意义、依据等。

（3）正文。即劳动关系双方当事人协商确定的集体合同的内容，也就是集体合同的基本条款，是集体合同的核心部分。

（4）结尾。结尾部分多放在“附则”一章，包括集体合同的有效期限；集体合同的正、副本的份数及法律效力，正本保管于何处，副本发放何处；双方首席代表签名盖章；集体合同签订的年、月、日及签订地点等。

33 什么是集体合同的履行?

所谓集体合同的履行，就是指在集体合同依法签订后，双方当事人按照集体合同约定的时间、地点和方法，认真全面地完成集体合同所规定的各项义务。

当事人完成了集体合同规定的全部义务，叫作集体合同的全部履行；当事人只完成了集体合同规定的部分义务，叫作集体合同的部分履行；当事人没有完成集体合同规定的义务，叫作集体合同的未履行。集体合同一旦生效，就具有法律效力，双方当事人就必须遵守执行，无法定理由拒不履行合同的，应当承担违约责任。

34 工会应如何做好集体协商前的协商议题确定工作？

确定集体协商议题，是准备工作中的重要环节，它直接关系到集体协商的效果和上一轮集体合同内容的延续，必须科学审慎地对待。从这一点上来说，工会要确定好集体协商议题，必须做好以下几个方面的工作：

（1）坚持群众路线、深入调查研究。工会要深入基层，通过召开座谈会、问卷调查或直接听取意见等方式，广泛征求职工的意见、要求，了解职工最关心、最直接、最现实的利益问题，使协商议题在形成时充分体现多数职工的意愿。

（2）运用科学方法，做好议题筛选。工会应将职工的意见归纳整理，结合现行政策和企业实际情况进行科学的分析研究并有所选择，确定协商议题。

（3）注重情况交流，加强沟通协商。工会应就协商议题征求企业职能部门的意见，对协商议题做进一步的修改、完善或调整。再由工会负责人与企业行政方沟通、协调双方的立场和意见，尽可能将职工的要求同企业方的意见统一起来，使协商议题更加切合实际。

35 区域性、行业性集体协商的重点是什么？

区域性集体协商的协商重点：一是本区域的最低工资标准；二是本区域工资调整的最低幅度；三是本区域企业基本劳动规章制度；四是其他需要进行区域性集体协商的事项，主要包括餐饮住宿保障、劳动安全卫生、保险福利、女职工特殊劳动保护、农民工权益维护、技能提升、精神文明创建等。

行业性集体协商的协商重点：一是本行业的最低工资标准；二是本行业工资调整的最低幅度；三是本行业同类工种的定额标准；四是本行业工种、岗位的劳动安全和卫生标准；五是本行业各工种、岗位的职工培训制度。

36 劳务派遣工工资集体协商的重点和难点是什么？

使用劳务派遣工的企业，其派遣工的工资集体协商由实际用工单位及其工会，劳务派遣单位及其工会四方共同进行，合同也由四方共同签署。劳务派遣单位尚未建立工会组织的，其派遣工的工资集体协商由实际用工单位及其工会、劳务派遣单位三方共同进行，合同也由三方共同签署。

使用劳务派遣工的企业，其派遣工的工资集体协商，可以与本企业职工的工资集体协商分别进行，也可以一并进行。但劳务派遣工的工资集体协议和本企业职工的工资集体协议应分别签订。

在使用劳务派遣工的企业中，如何贯彻同工同酬问题，既是工资集体协商的重点，也是工资集体协商的难点。

《劳动法》第四十六条明确规定，工资分配应当遵循按劳分配原则，实行同工同酬。《劳动合同法》第六十三条也规定，被派遣劳动者享有与用工单位的劳动者同工同酬的权利。用工单位无同类岗位劳动者的，参照用工单位所在地相同或者相近岗位劳动者的劳动报酬确定。在同一用工单位中，从事同类的劳动，就应当领取同等的报酬。在工资集体协商中，要把劳务派遣工纳入工资集体协商覆盖范围，把握同工同酬原则，真正做到对于从事相同工作、付出等量劳动且取得相同劳动业绩的劳动者，不论其身份如何，都要按照劳动定额、工时工价确定同样的劳动报酬。

37 工资集体协商的主要内容是什么？

工资集体协商的主要内容，是指在工资集体协商中需要协商的并应当在工资专项集体合同中明确规定的双方当事人的权利和义务以及其他问题。这既是工资集体协商的核心问题，也是广大职工非常关心的首要问题。根据有关规定，工资集体协商主要包括以下内容：

（1）工资分配制度。包括等级工资制、结构工资制、岗位技能工资制、岗位薪点工资制、绩效工资制和提成工资制。

（2）工资分配形式。也叫工资形式，是对职工实际劳动付出量和相应劳动报酬所得量进行具体的计算与支付的方法。主要有计时工资和计件工资两种形式。

（3）职工年度平均工资水平及其调整幅度。职工年度平均工资水平，即职工在某一年度平均工资的高低程度。在国家动态工资宏观调控政策下，作为工资分配的主体，企业有权根据企业生产经营情况和劳动力市场状况，自主确定本单位的工资水平。工资水平的确定和定期调整，是企业工资集体协商极为重要的一项内容，也是职工群众非常关心的重要问题。工会在开展工资集体协商时应当把工资水平及其调整幅度作为主要诉求。工会与企业双方协商确定年度工资水平，要与政府发布的年度工资指导线、企业人工成本等结合起来，在全面分析企业经济效益、工资支付能力和职工工资水平等因素的基础上合理确定。

（4）加班加点工资。一是加班加点工资支付的规定；二是实行综合计算工时工作制和不定时工时工作制的企业，执行《劳动法》关于加班工资的具体规定。

（5）最低工资。最低工资是指劳动者在法定工作时间或依法签订的劳动合同约定的工作时间内提供了正常劳动的前提下，用人单位依法应支付的最低劳动报酬。

（6）奖金、津贴、补贴等分配办法。

（7）试用期、病假、事假等期间的工资待遇。

（8）工资支付办法。主要是工资支付原则和工资支付主要内容。

（9）工资专项集体合同的期限、变更和解除的程序、终止条件以及违约责任。

（10）双方认为应当协商的其他工资事项。

38 什么是集体协商要约？如何提出集体协商要约？

集体协商要约是集体协商任何一方依法就签订集体合同或专项集体合同以及相关事宜，以书面形式向对方提出进行集体协商要求的行为。提出集体协商要约，是开展集体协商和签订集体合同的法定程序。职工和企业任何一方均可提出进行集体协商的要约。

集体协商要约的提出方应向另一方提出书面的协商意向书，明确协商的时间、地点、内容等，另一方接到协商意向书后，应于 20 日内予以书面答复。同意协商的，双方应当约定协商开始的日期。拒绝集体协商的，应当有充足的理由。

注意：企业工会提出协商要约有困难的，其上级工会可依法代替企业工会向企业提出协商要约。工会提出协商要约后，企业方不按期回应或无正当理由拒绝进行集体协商的，上级工会应依法下达“整改意见书”，提出整改意见；对逾期不改正的企业，工会可提请人力资源和社会保障部门责令其改正，直至追究其行政或法律责任。

39 开展集体协商要约行动的原则是什么?

按照全国总工会于2008年下发的《中华全国总工会关于开展集体协商要约行动的意见》，开展集体协商要约行动要以建立和发展新型劳动关系为目标，以建立规范有序的制度机制为保证，以提高工会干部和职工代表协商素质为基础，积极探索开展集体协商要约行动的方法和途径，促进平等协商和集体合同工作健康有序发展。

开展集体协商要约行动遵循的原则有以下几个方面：一是坚持依靠党的领导，与政府有关部门密切配合，借助社会力量合力推进；二是坚持遵守法律、法规和国家有关规定，加强集体协商要约行动规范化建设；三是坚持互相尊重、诚实守信、公平合作、兼顾双方合法权益；四是坚持从实际出发，分类指导，因地因企制宜，突出重点，着力破解劳动关系中的突出矛盾和问题，提高实效；五是坚持工会主动要约，积极作为，不断提高协商质量水平。

40 集体协商要约书主要包括哪些内容?

一般来讲，集体协商要约书应当包括以下几个方面内容：

一是提出进行集体协商的时间、地点和议题等；二是附有集体协商代表资格认定书；三是集体协商的主要内容，主要是围绕劳动报酬、工作时间、休息休假、劳动安全卫生、保险福利、职工培训、劳动纪律以及劳动定额管理等直接涉及劳动者切身利益的事项，确定集体协商要约行动的内容。根据实际情况，每年可确定 1 至 2 个要约协商主题，有重点、有目标地提出集体协商要约。

41 工资集体协商中的重要要素劳动定额的确定方法有哪些？

劳动定额是指在一定的生产技术组织条件下，为生产单位生产合格产品或完成一定工作任务所预先规定的劳动消耗量的限额标准。确定劳动定额应当按照“法定工作时间内、正常劳动条件下，90% 以上职工能够完成且不低于当地最低工资水平”的原则来确定。 目前，我国绝大多数加工制造、建筑、制衣、制鞋等行业都实行计件工资，计件工资制的核心是确定劳动定额，没有劳动定额就不可能合理确定计件工时与工资。

确定劳动定额一般有以下几种方法：

（1）经验估工法。由定额人员、技术人员和工人结合以往生产实践，依据图纸、工艺装备或产品实物进行分析，并考虑所使用的设备工具、工艺装备、原材料及其他生产技术和组织管理条件直接估算定额。

（2）统计分析法。把企业最近一段时间内生产该产品所耗工时的原始记录，通过一定的统计分析整理，计算出消耗水平，以此为依据制订劳动定额。

（3）类推比较法。以现有产品定额资料为依据，经过对比推算出其他产品、零件或工序的定额。作为依据的定额资料有：相似的产品、零件或工序的工时定额；类似的产品、零件或工序的实耗工时资料；典型零件、工序的定额标准。用来类比的两种产品必须具有可比性。

（4）技术定额法。在分析技术、组织条件和工艺规程、总结先进经验、尽可能充分挖掘生产潜力的基础上，设计合理的生产条件和工艺操作方法，对组成定额的各部分时间，通过分析计算和实地观察来制订定额。

42 什么是工资指导线?

工资指导线，也叫工资增长指导线，是指在市场经济体制下，地方政府为保证宏观经济目标的实现，依据当地社会经济发展水平和居民消费价格指数、劳动力供求水平以及其他社会经济指标确定的工资增长水平，指导工资分配的一种宏观调控形式。工资指导线一般包括工资指导线水平和对企业工资增长的有关要求和建议。工资指导线水平包括本年度企业货币工资水平增长的基准线、上线、下线。基准线是当年企业工资增长的适度水平，是地区企业工资增长的总体调控目标；上线是企业工资增长的上限或最高调控线；下线是企业工资增长的下限。

43 工资指导线在工资集体协商中的作用是什么？

工资指导线是政府下发的一种指导性指标，号召各企业参照执行。虽然工资指导线不具有执行的强制性，但工资指导线是综合了大量数据测算制订出来的，是企业开展工资集体协商，确定合理工资水平、工资增长幅度的重要依据。

44 哪些收入不包括在最低工资范围内？

根据国家相关规定，劳动者的下列收入不包含在最低工资范围内：

一是劳动者个人依法缴纳的社会保险费和住房公积金；二是劳动者延长工作时间的加班费；三是中夜班津贴；四是夏季高温津贴；五是有毒有害等特殊工作环境下的岗位津贴；六是伙食补贴；七是上下班交通补贴；八是住房补贴。也就是说，在劳动者提供正常劳动的情况下，用人单位应支付给劳动者的工资在剔除上述各项以后，不得低于当地规定的最低工资标准。

45 如何规定劳动者在试用期内的工资？

回答这个问题之前，必须弄清楚试用期的概念。1996 年《劳动部办公厅对〈关于劳动用工管理有关问题的请示〉的复函》中，对试用期作了如下定义：试用期是用人单位和劳动者建立劳动关系后为相互了解、选择而约定的不超过 6 个月的考察期。根据《劳动合同法》第十九条规定：劳动合同期限 3 个月以上不满 1 年的，试用期不得超过 1 个月；劳动合同期限 1 年以上不满 3 年的，试用期不得超过 2 个月；3 年以上固定期限和无固定期限的劳动合同，试用期不得超过 6 个月。同一用人单位与同一劳动者只能约定一次试用期。

《劳动合同法》第二十条规定：劳动者在试用期的工资不得低于本单位相同岗位最低档工资或者劳动合同约定工资的 80%，并不得低于用人单位所在地的最低工资标准。《劳动合同法实施条例》第十五条规定：劳动者在试用期的工资不得低于本单位相同岗位最低档工资的 80% 或者不得低于劳动合同约定工资的 80%，并不得低于用人单位所在地的最低工资标准。以新法优先原则，应当遵从《中华人民共和国劳动合同法实施条例》有关规定。上述规定是劳动者在试用期间工资待遇的法定最低标准。企业工会可以依据上述法律规定，通过与企业平等协商，确定本企业的试用期工资。

46 影响工资确定的企业内部因素是什么?

影响工资确定的企业内部因素主要包括：一是反映生产经营和经济效益状况的相关指标，如年度总产值、劳动生产率、销售利润率、资本收益率、年度利税总额等；二是反映职工现有工资状况的相关指标，如企业职工工资总额、职工平均工资、人工成本劳动分配率、人事费用率、工资利税率等。另外，企业文化等因素也对工资确定产生一定的影响。在跨国公司中，如欧美、日本、韩国企业都有它们长期形成的文化传统和做法，有各自的企业文化特点，这些也是影响工资集体协商、确定工资分配制度的重要参考因素。

47 影响工资确定的企业外部因素是什么?

影响工资确定的企业外部因素主要包括：国家和地方颁布的法规政策（最低工资标准、工资指导线等）；地区、行业的人工成本水平和职工平均工资水平；劳动力市场工资指导价位，当劳动力市场明显供不应求的时候，显然总体的工资水平就会升高，反之亦然；本地区城镇居民消费价格指数等，不同的地区由于经济发展的不同，社会的物价水平也是不同的，而物价水平的高低也直接影响着工资水平的高低。

48 工资专项集体合同的期限一般是多长时间?

工资专项集体合同的期限，是指工资专项集体合同的有效存续期间。工资专项集体合同中，必须明确规定工资专项集体合同的期限。工资专项集体合同的期限多长，一般由工资集体协商双方当事人约定。《工资集体协商试行办法》规定，工资集体协商一般情况下每年进行一次。所以，工资专项集体合同的期限一般也为一年。

49 工资专项集体合同有哪些组成部分?

起草工资专项集体合同是一项非常重要的工作，用人单位应当成立工资专项集体合同起草委员会或起草小组，主持起草工资专项集体合同工作。起草委员会或起草小组应由行政方和工会各派代表若干人，推选工会和行政方代表各 1 人，负责工资专项集体合同的起草工作，并提出工资专项集体合同草案。

一般来说，在条文式和表格式两大类书面合同中，工资专项集体合同常常采用条文式。它包括以下几部分。(1) 工资专项集体合同名称，即在卷首标明该工资专项集体合同的名称。(2) 序言。序言是工资专项集体合同正文前的一段叙述性文字，相当于总则，应写明签订工资专项集体合同的目的、意义、依据等。也有的省略序言而直接进入正文，把正文的第一部分作为总则，介绍签订工资专项集体合同的目的、意义、依据等。（3）正文。即劳动关系双方当事人协商确定的工资专项集体合同的内容，也就是工资专项集体合同的基本条款，是工资专项集体合同的核心部分。（4）结尾。结尾部分多放在“附则”一章，包括工资专项集体合同的有效期限；工资专项集体合同的正、副本的份数及法律效力，正本保管于何处，副本发放何处；双方首席代表签名盖章；工资专项集体合同签订的年、月、日及签订地点等。

注意：起草工资专项集体合同应当注意以下几个问题：（1）工资专项集体合同的内容要合法。（2）工资专项集体合同要反映和体现企业实际，不要照抄照搬。（3）有可操作性，表述具体明确，便于双方当事人履行。（4）使用概念要准确、严谨。不能使用含糊不清或容易发生分歧的概念、术语。（5）用字要正确，不漏字、不多字，标点符号要规范化。

50 工会在工资集体协商中的重要地位是什么？

工会在工资集体协商中的重要地位，主要体现在以下三个方面：

（1）主体代表性。《工会法》第二条第二款规定：“中华全国总工会及其各工会组织代表职工的利益，依法维护职工的合法权益。”第六条第二款规定：“工会通过平等协商和集体合同制度等，推动健全劳动关系协调机制，维护职工劳动权益，构建和谐劳动关系。”第二十一条规定：“工会代表职工与企业、实行企业化管理的事业单位、社会组织进行平等协商，依法签订集体合同。”由此可见，工会的代表性是法律规定的。在工资集体协商中，工会是作为职工利益的代表者与企业进行协商，处于同企业平等的、独立的地位。因此，在开展工资集体协商中，工会要代表职工、依靠职工，尊重职工的意愿，充分表达职工的利益诉求，实现好、维护好、发展好职工的合法权益。

（2）不可替代性。工会代表权的取得是法定的，这使其具有不可替代性的特点。这种不可替代性的特点归根结底是由工会作为职工自愿结合的工人阶级群众组织的性质所决定的。正因为工会的阶级性和群众性构筑了工会代表权的坚实基础，劳动关系双方中作为职工合法权益代表的身份和我国工会的统一性特点夯实了工会不可替代性这一特征。因此，在工资集体协商中，工会是职工方合法的代表者，工会的组织形式和职能作用具有不可替代性。

（3）广泛指导性。《工会法》第二十一条第三款规定：“工会签订集体合同，上级工会应当给予支持和帮助。”加强指导，是各级工会领导机关在工资集体协商中的地位的重要体现。工资集体协商对基层工会和工会干部来说是一项重要而艰巨的工作，一些工会干部对工资集体协商的知识了解还不够，对具体开展的程序方法还不太掌握，影响了工资集体协商的实施。各级工会应当加强指导服务，帮助指导基层工会在调查研究的基础上，提出符合企业实际的协商要约，在协商过程中及时传授协商技巧和协商策略，确保工资集体协商顺利开展。

51 县级以上地方工会（产业工会）在工资集体协商中的职责任务是什么？

县级以上地方工会（产业工会）在工资集体协商中的职责任务主要有以下几个方面：

（1）争取地方党委、政府的重视和支持，积极宣传开展工资集体协商的重要意义，为开展工资集体协商营造良好的社会环境和舆论氛围。

（2）推动政府主导工资集体协商工作。建立健全以最低工资制度、工资指导线制度、劳动力市场工资指导价位和人工成本信息发布制度为主要内容的工资调控体系，为开展工资集体协商创造有利条件。

（3）督促企业认真落实开展工资集体协商的相关法律法规。积极推动地方制定工资集体协商的地方性法规或相关的配套政策，保证工资集体协商依法建制，依法规范。

（4）深入进行调查研究。及时分析把握地方经济社会（产业）发展对工资集体协商的影响，职工群众收入分配的现状和诉求，与工资集体协商相关的信息和工会开展工资集体协商取得的经验、存在的问题，并对工资集体协商方面带有全局性、倾向性的重大问题进行研究，提出有关的意见建议和对策。

（5）加强分类指导、培养选树典型。加强对不同类型企业区域性、行业性工资集体协商的指导，及时总结先进经验，进行交流、推广。

（6）加强工资集体协商指导员队伍建设。建立选拔、培训、工作管理、激励、保护等制度，切实发挥工资集体协商指导员的作用。

（7）建立监督检查制度。做好工资专项集体合同的履行和监督检查工作，推动将工资集体协商情况纳入人大执法检查和政协委员视察的重要内容；加大与人力资源和社会保障部门、企业代表组织的合作，做好对工资集体协商工作的日常监督检查。

（8）参与协调解决工资集体协商过程中和履行工资专项集体合同中发生的争议。

（9）产业工会要积极研究本产业开展工资集体协商的特点和规律，推动制定本产业劳动定额、劳动报酬、劳动条件等方面的政策，指导帮助本产业内企业建立工资集体协商制度。

52 确定最低工资标准的因素有哪些？

我国实行最低工资保障制度，劳动者提供正常生产劳动后，用人单位支付劳动者的工资不得低于当地最低工资标准。

《劳动法》规定，确定和调整最低工资标准应当综合考虑下列因素：劳动者本人及平均赡养人口的最低生活费用、社会平均工资水平、劳动生产率、就业状况、地区之间经济发展水平的差异。由于我国各地区经济发展水平差异较大，根据原劳动和社会保障部制定的《最低工资规定》，最低工资标准的确定和调整方案由省、自治区、直辖市人民政府劳动保障行政部门会同同级工会、企业代表组织协商拟订，并将拟订的方案报送人力资源和社会保障部备案。

53 集体合同履行的原则是什么？

集体合同履行是合同主体双方按照集体合同规定履行自己应当承担义务的法律契约。履行集体合同应当遵循实际履行、全面履行和协作履行的原则。

（1）实际履行原则。实际履行原则是集体合同双方当事人按照合同规定的标的履行自己的义务和实现自己的权利，不得以其他标的或方式来代替。包括两个方面：一是一方当事人违约，即使接受了处罚，也不能以罚金或赔偿损失来代替合同标的的履行，除非违约方对合同标的的履行对于另一方当事人已无实际意义。例如，用人单位如果未履行劳保用品发放的义务违背了劳动安全与卫生的专项集体合同，即使受到劳动保障部门的处罚，也必须按照合同约定对劳保用品进行发放。二是一方当事人不履行合同时，另一方当事人有权请求仲裁机构和法院敦促其履行。实际履行要求劳动者一方要按照集体合同的约定提供劳动，用人单位则应按照集体合同的约定提供劳动条件。

（2）全面履行原则。全面履行原则是指集体合同双方当事人应按照约定全面履行自己的义务，它要求当事人按照合同约定的内容，按履行期限、履行地点以适当的履行方式全面地完成合同义务。当事人一方在履行合同约定的义务中对任何一个环节的违反，都违背了全面履行原则。集体合同的全面履行在很大程度上有赖于对集体合同履行所实施的监督检查。有效监督可以随时发现问题、督促整改。

（3）协作履行原则。协作履行原则是指集体合同双方当事人在合同的履行过程中发扬协作精神，共同完成合同规定的义务，共同实现合同规定的权利。集体合同是劳动关系双方经过协商签订的，双方之间高度的相互依存要求履行集体合同时密切协作。协作履行原则要求任何一方都要保证自己能够实际、全面履行合同的内容和条款。任何一方完成自己的任务就为合同的履行打下了良好的基础。在集体合同履行的过程中，双方当事人要关注合同履行的实际状况，并进行必要的相互检查和监督。双方的积极协作是保证集体合同全面履行的重要基础。

注意：集体合同履行不仅包括合同中的劳动条件、劳动标准条款，还包括合同中的程序性条款以及对其他劳动关系事项的规定，比如对职工方协商代表做出的权利义务规定。

54 工资专项集体合同需要每年都签订吗？

要回答这个问题，首先要弄清楚工资专项集体合同和集体合同的关系。工资专项集体合同和集体合同是局部与全局、单项与综合的关系。工资分配问题是集体协商的核心内容，工资集体协商的结果大多最后要形成工资专项集体合同，这既可以作为工资事项的专项合同，也可以作为集体合同的附件，与集体合同具有同等的法律效力。

企业集体合同的期限一般为一年至三年。工资专项集体合同应一年签订一次，并且以自然年度为周期。如果签订的集体合同期限为一年，且集体合同条款中有本年度工资事项具体的量化目标，就可以不再单独签订工资专项集体合同。如果签订的集体合同期限为一年至三年，涉及每一年度工资事项的内容，那么就应该结合本企业实际，单独开展工资专项集体协商，并作为集体合同的一个附件，单独签订工资专项集体合同。

55 不同类型的企业开展工资集体协商的重点是什么?

在实际工资集体协商过程中，不同类型的企业，开展工资集体协商的重点也不同：

（1）对于所有制不同的企业。在公有制企业，应突出理顺按劳分配和按生产要素分配的关系，合理调节企业内部收入分配差距，提高普通职工特别是一线职工工资在企业工资分配中的比重。工会应加大参与企业的成本核算、利润分配、收益分配及重大生产经营决策的力度，使职工工资收入水平合理增长。在非公有制企业，应根据社会劳动力供求状况、本企业的经济效益、劳动生产率水平，并参照当地政府发布的工资增长指导线，通过协商合理确定工资水平。在股份制或股份合作制企业，重点是处理好工资分配、股息红利与劳动分红之间的比例关系，使职工付出的劳动得到相应合理的报酬。

（2）对于经营状况不同的企业。对于生产经营正常和效益较好的企业可重点就工资和奖金的水平与分配、补贴及福利等进行协商，建立正常的工资增长和调整机制。对于生产经营比较困难的企业，可重点就工资支付办法、保障措施、停工待岗职工生活费等进行协商，建立工资支付保障机制。

（3）对于分配方式不同的企业。实行计件工资制企业，重点是协商确定和调整劳动定额以及工时工价标准。实行岗位工资制的企业，重点是确定和调整岗位工资标准。实行经营者年薪制的企业，重点是合理确定企业经营者与职工工资分配关系。

JI TI XIE SHANG DE CHENG XU
HE JIAN DU JIAN CHA

第四部分

集体协商的程序和监督检查

56 开展集体协商一般有哪些程序?

根据《工资集体协商试行办法》和《集体合同规定》，开展集体协商通常有以下八个步骤：

一是产生集体协商代表。二是提出协商要约。三是做好协商准备，具体包括开展宣传教育、熟悉有关法律法规、收集了解与集体协商有关的情况和资料、充分征求职工的意见、人员的分工准备、制定集体协商实施方案等方面的工作。四是正式开展协商，主要包括召开协商会议、起草合同文本等。五是职工（代表）大会审议。六是首席代表签字。七是报送劳动保障行政部门备案审查。八是公布实施。

上述步骤是开展集体协商最基本的，也是必须进行的程序。在开展集体协商过程中还可以在依法合规的前提下，结合具体的协商需要增加一些更具特色、更切合实际的程序，从而进一步增强协商程序的针对性和实效性。

57 实施工资集体协商要约应包括哪几个方面?

实施工资集体协商要约应主要包括以下三个方面：

（1）开展要约行动的主要原则。开展工资集体协商要约行动遵循的主要原则是：坚持依靠党的领导，与政府有关部门密切配合，借助社会力量合力推进；坚持遵守法律、法规和国家有关规定，加强要约行动规范化建设；坚持互相尊重、诚实守信、公平合作、兼顾双方合法权益；坚持从实际出发，分类指导，因地因企制宜，突出重点，着力破解劳动关系中的突出矛盾和问题，提高实效；坚持工会主动要约，积极作为，不断提高协商质量水平。

（2）要约内容。工资集体协商要约书应该明确提出进行工资集体协商的时间、地点和议题等，还应附有协商代表资格认定书。应围绕工资分配制度、工资分配形式、工资水平及调整幅度、加班加点工资、最低工资、工资支付办法等涉及劳动报酬方面的主要问题，确定工资集体协商要约行动的内容。根据实际情况，每年可确定一两个要约协商主题，有重点、有目标地开展工资集体协商要约行动。对于工资专项集体合同履行中出现的问题，也可通过工资集体协商要约行动予以解决。

（3）开展要约行动的重点。开展工资集体协商要约行动，应立足当前，着眼长远，提高工资专项集体合同建制率，扩大覆盖面。当前工会开展工资集体协商要约行动重点在以下企业进行：没有开展工资集体协商和签订工资专项集体合同的；工资专项集体合同已经到期需要续签或重新签订的；企业职工工资长期不增长、低增长，或50%职工工资低于当地职工平均工资50%的；实行年薪制的国有和国有控股、集体企业。

注意：开展工资集体协商要约行动应随着企业经济效益和劳动生产率的提高以及城镇居民消费价格指数的增长，把重点放在支持基层工会开展工资集体协商要约行动上。坚持集中要约与动态要约相结合，单个要约与区域性行业性要约相衔接，与政府相关部门密切配合，推动形成“工会主动要约—提出整改建议—责令改正—执法追究”的工作链。

58 在工资集体协商工作中，工会应如何做好制度机制建设?

建立健全推进工资集体协商相关的制度机制，是推进工资集体协商的制度保证。各级工会要用科学的制度机制来推进工资集体协商工作，促进工资集体协商工作逐渐制度化、规范化和科学化。

（1）建立健全合力推进机制。地方总工会应主动向党委汇报和向政府通报工资集体协商工作情况，取得党委重视和政府支持，争取将工资集体协商工作纳入党委政府工作目标和党政主导的维权机制，纳入当地经济社会发展总体规划，使其在全局工作中有位置、有举措。要加强与人大、政协、政府有关部门和企业联合会、工商联有关方面的协调配合，充分挖掘社会资源、整合社会力量，发挥三方机制平台作用，为推进工资集体协商创造良好的外部环境。

（2）建立健全目标管理机制。一是建立目标责任制。把开展工资集体协商的任务层层分解，落实到各级工会组织，做到目标清楚，责任明确，落实有力，有效推进工资集体协商工作的开展。二是建立信息交流制度。下情上呈，基层工会及时向上级工会反映工资集体协商情况。上情下达，上级工会有关工资集体协商的方针和政策、原则要求，重要会议精神等及时下达至下属工会组织平行交流，各地、各企业在工资集体协商中通过交流、互相借鉴经验，加强合作，共同发展。三是建立上级工会指导帮助制度。企业工资专项集体合同签订前，由上级工会组织对工资专项集体合同提出建议和意见，提高工资集体协商的有效性。四是建立档案制度。做好归类建档工作，进行分类管理和动态管理，为工资集体协商工作提供信息资源和决策依据。

（3）建立健全激励考评机制。合理设计考评标准，坚持按工资集体协商基本要求设置考评标准，既要全面考评，又要突出重点，发挥考评标准对工资集体协商工作的导向作用；建立群众参与的考评机制，充分发动和依靠群众，最大限度地提高群众参与度，促进考评工作的科学化、民主化；建立考评结果运用机制，把企业是否建立了工资集体协商制度作为“五一劳动奖状（奖章）”、劳动关系和谐企业等评先评优的必备条件，实行考评一票否决。通过考评，对工资集体协商工作开展得好的企业和工会组织给予表彰奖励。同时，建立考评通报制度，定期向有关组织人事、党务、纪检等部门通报考评结果，实现考评信息资源共享。

59 集体协商会议包括哪些程序？

集体协商一般采取会议的形式进行。集体协商会议由双方首席协商代表轮流主持，双方应本着互相尊重、相互理解、积极合作的原则，平等协商，求同存异，就协商议题交换意见，进行充分讨论。集体协商会议一般按下列程序进行：

（1）由主持人会同记录员宣布协商议程、协商规则和协商纪律。

（2）提出协商议题的一方首席协商代表就议题的具体内容和要求做出说明，另一方首席协商代表就对方的要求进行回应。

（3）协商双方就协商议题发表各自意见，开展充分讨论。

（4）双方首席协商代表归纳意见。

（5）达成一致的，应当形成集体合同草案，由双方首席协商代表签字。协商未达成一致意见或出现事先未预料到的情况时，经双方同意，可以暂时中止协商。协议中止期限最长不得超过 30 天。具体中止期限及下一次协商的时间、地点和内容应由双方共同商定。

（6）每次集体协商会议要做好会议记录，协商双方代表和记录员应当在会议记录上签字。

60 拟订集体合同草案的基本要求是什么？

集体合同是集体协商的标的物，作为一种劳动法律文书，集体合同一旦签订生效，就对劳动关系双方具有约束力，因此起草合同是一项十分严肃的工作。一份高质量的合同草案，将为集体协商奠定良好的基础，避免不必要的人力和时间上的浪费。在起草集体合同的过程中，必须把握如下几个要点：

（1）应参照有关法律、法规和政策以及同行业和具有可比性企业的情况，包括集体合同范本和其他与签订集体合同相关的资料等。

（2）把握集体合同内容应当具备的法定要件。它们是：订立集体合同的双方主体必须具有法定资格；集体合同的必备条款必须涉及劳动条件与劳动标准等内容；集体合同内容的协商条款可由劳动关系双方酌情议定；集体合同中应有明确的法律责任规定；集体合同应标明履行期限。

（3）集体合同内容应从劳动关系双方实际出发，避免千篇一律、毫无特色的统一文本，并应当具体且具有可操作性，避免过于笼统。

（4）集体合同内容的格式应讲求规范，避免随意性；文字表述应当准确明了，逻辑严谨，避免含混不清、容易引起歧义的表述。

61 工会组织在协商前如何制定集体协商方案？

制定职工方集体协商方案是协商取得成功的前提和关键。集体协商是工会代表职工而不是代替职工同企业进行协商。因此，协商前必须全面了解和反映职工意愿与要求。工会可通过召开座谈会、问卷调查等方式了解职工的意见和要求。同时，也应向职工介绍有关政策和企业生产经营情况，使职工对协商的诉求趋向合理。

在此基础上，根据收集的资料，做好资料的分析、整理、测算工作，拟订出集体协商方案。在协商方案中，一般制订三个层次目标：争取达到的目标，即最理想的结果；务求达成的目标，也就是预期实现的目标；必须实现的目标，也是最低要求，即协商的底线。

这样可以使目标有弹性，增加协商的回旋余地。在制定方案中，还应充分考虑对方可能提出的方案和使用的策略，准备充足的理由和证据，确定协商重点和优先顺序，做到实事求是，考虑企业的承受能力；科学测算，优选方案；讲求策略，有理、有利、有节；确定目标，实现双赢。

62 如何对集体合同草案进行审议？

经双方协商代表协商一致的综合性集体合同草案或专项集体合同草案，应当提交职工（代表）大会讨论审议。职工（代表）大会对草案进行讨论应当有三分之二以上职工（代表）出席，且须经全体职工（代表）过半数赞成，草案方获通过。

具体程序是：（1）由工会或行政首席代表宣读综合性集体合同草案或专项集体合同草案，并就协议草案的内容作出必要的解释。（2）职工（代表）分组对草案逐条讨论审议。审议内容是否体现了广大职工的意愿和要求，是否违反法律法规政策及企业规章的有关规定等。（3）召开职工（代表）大会主席团会议，对于职工（代表）所提意见进行归纳整理，作出说明。（4）职工（代表）以无记名投票方式进行表决，表决以全体职工（代表）过半数赞成方为有效通过。（5）未获通过的草案，双方协商代表择时再次沟通协商，修改有关条款内容，并将修改结果向职工（代表）大会作出说明和解释，并再次经职工（代表）大会讨论审议通过。

63 签订集体合同通常需要几个阶段？

我国集体合同的签订，通常情况下需要以下几个阶段：

（1）集体协商的准备阶段。首先应确定集体协商的代表。关于代表的人数，根据《集体合同规定》，集体协商双方的代表人数应当对等，每方至少 3 人，并各确定 1 名首席代表。双方共同确定 1 名非协商代表担任集体协商记录员。

（2）集体协商的正式协商阶段。在遵守法律、法规规定的基础上，本着平等、合作的原则，任何一方不得有过激行为。双方应互谅互让，在谈判进入僵局、出现争议时，双方当事人暂不能协商解决的，应及时提交劳动行政部门协调处理。

（3）集体协商的签字阶段。协商结束达成协议后，由双方首席代表在集体合同上签字。

64 集体合同必须经过集体协商才能签订吗?

根据原劳动和社会保障部《集体合同规定》第三条规定:“本规定所称集体合同，是指用人单位与本单位职工根据法律、法规、规章的规定，就劳动报酬、工作时间、休息休假、劳动安全卫生、职业培训、保险福利等事项，通过集体协商签订的书面协议；所称专项集体合同，是指用人单位与本单位职工根据法律、法规、规章的规定，就集体协商的某项内容签订的专项书面协议。”第四条规定:“用人单位与本单位职工签订集体合同或专项集体合同，以及确定相关事宜，应当采取集体协商的方式。集体协商主要采取协商会议的形式。”由此可见，集体协商是集体合同的前提和必经程序，集体合同的签订必须经过集体协商。

65 在什么情况下集体合同可以变更或解除?

依法订立的集体合同具有法律约束力，因此，变更或解除集体合同必须符合一定的法定条件和程序。集体合同的变更或者解除应当以书面形式提出，提出变更或者解除集体合同的一方应当向对方提供相关依据。在下列一些特殊情况下是可以变更或解除集体合同的。

（1）双方协商代表协商一致，可以变更或解除集体合同或专项集体合同。

（2）有下列情形之一的，可以变更或解除集体合同或专项集体合同：

一是用人单位因被兼并、解散、破产等原因，致使集体合同或专项集体合同无法履行的；二是因不可抗力等原因致使集体合同或专项集体合同无法履行或部分无法履行的；三是集体合同或专项集体合同约定的变更或解除条件出现的；四是法律、法规、规章规定的其他情形。

注意：当法律、法规、规章规定的集体合同变更或解除的条件出现时，这是法律强制性的规定，集体合同必须变更或解除。

66 集体合同生效后，协商双方还有哪些工作？

集体合同生效后，协商双方还应做好以下几个方面的工作：

（1）及时向职工公布。协商双方应当在集体合同生效之日起5日内，将已经生效的集体合同以适当方式向本方全体人员公布。工会组织可通过公示栏、网络平台以及会议等适当方式向全体职工公布。双方还应对集体合同的履约情况进行监督检查。

（2）认真履行兑现。集体合同依法订立后，就对协商双方产生了法律约束力，双方必须认真履行兑现。除劳动关系双方的自我约束外，双方还应对集体合同的履约情况进行有效的监督，并将在下一次职工（代表）大会上报告履约情况。经常性的监督检查，有利于及时发现和解决问题。

（3）加强动态管理。企业生产经营发生重大变化调整时，双方应及时沟通协商，适时调整双方的约定，使劳动关系的调整更加顺应企业发展的实际。

67 集体合同监督检查是指什么？有何作用？

集体合同监督检查，是指签订集体合同的主体双方，依照国家有关法律、法规，对已经生效的集体合同以检查的形式进行督促的行为。

集体合同监督检查的作用表现在以下三个方面：

（1）预防作用。通过监督检查在合同履行过程中可能出现的问题，及时进行督促和提醒，并采取相应的措施，防止违规行为和集体合同争议的发生。

（2）补救作用。通过监督检查及时发现问题，再通过集体协商，调整和完善集体合同。

（3）保证作用。通过监督检查对存在的问题进行整改，加强管理，明确责任，保证集体合同的落实。

68 集体合同监督检查的主体是什么?

集体合同监督检查的主体主要有三个：一是联合监督检查组。联合监督检查组由企业、工会和职工代表三方组成。其中，企业一方的人选由企业指派；职工代表的人数一般不少于检查组成员人数的一半，其人选由工会选派。二是职工代表大会民主管理专门小组（委员会），成员由职工代表团（组）民主推荐，或经职工代表大会民主选举产生，在职工代表大会闭会期间定期进行巡视检查。三是工会劳动法律监督小组（委员会），对集体合同履行情况实施监督检查。

69 集体合同监督检查的内容和主要形式是什么?

集体合同监督检查的内容主要包括三个方面：一是集体合同和专项集体合同的执行情况；二是企业方和职工方权利的运用与义务的履行情况；三是有关集体合同变更、解除、终止以及争议处理、法律责任的执行情况。

集体合同监督检查的形式主要有两种：一是定期全面监督检查。一般每年一次至两次，主要适用于检查集体合同内容中带有普遍性和周期性的问题。全面监督检查工作量较大，涉及的范围较广。全面监督检查对集体合同的全面落实有较大的推动作用，在检查时可以采取召开各种不同类型、不同层次的座谈会，听取企业相关部门的汇报以及通过查看现场、个别征询意见、收集整理反馈信息和必要时查阅有关资料的方式，以便准确掌握集体合同履行中的第一手资料；二是不定期监督检查。一般是对集体合同履行中临时发生的重大疑难问题进行检查。不定期的检查有利于及时发现问题、沟通信息、采取对策、落实措施。

70 集体合同争议调解的程序是怎样的?

根据《集体合同规定》，在集体协商过程中发生的争议和因履行集体合同发生的争议，应当按照以下方式进行调解：首先由双方当事人协商解决；双方当事人不能协商解决的，当事人一方或双方可以书面向劳动行政部门提出协调处理申请；未提出申请的，劳动行政部门认为有必要时，也可以组织同级工会和企业组织方面的人员进行协调处理。

集体协商争议处理实行属地管辖，具体管辖范围由省级劳动行政部门规定。中央管辖的企业以及跨省、自治区、直辖市用工单位因集体协商发生的争议，由国家级劳动行政部门指定的省级劳动行政部门组织同级工会和企业组织等三方面的人员协调处理，必要时，国家级劳动行政部门也可以组织有关方面协调处理。协调处理集体协商争议应当按照以下程序进行：一是受理协调处理申请；二是调查了解争议的情况；三是研究制定协调处理争议的方案；四是对争议进行协调处理；五是制作《协调处理协议书》。

注意：根据规定，协调处理集体协商争议，应当自受理协调处理申请之日起30日内结束协调处理工作，期满未结束的，可以适当延长协调期限，但延长期限不得超过15日。按照《集体合同规定》，因履行集体合同发生的争议，当事人协商解决不成的，可以依法向劳动争议仲裁委员会申请仲裁。

71 为什么要开展集体合同监督检查?

可以从以下四个方面来看开展集体合同监督检查的必要性和重要意义：

（1）开展监督检查是集体合同制度发展的客观要求。我国推行集体合同制度以来，集体合同签订率大幅度提高，在维护职工合法权益方面发挥了积极作用。但有的企业集体合同形同虚设，在协调劳动关系中的作用还不明显，职工对集体合同的关切度、满意度不高。其中的一个重要原因是集体合同履约率不高，实效性不强。因此，在继续大力推进集体合同制度建设的工作中，加强集体合同监督检查十分必要和紧迫，这关系到集体合同制度的实效性，关系到职工切身利益的维护，关系到企业劳动关系协调机制的建立、完善和作用的切实发挥。

（2）开展监督检查是全面履行集体合同的重要保证。集体合同制度是我国一项重要的劳动法律制度，集体合同一经签订就对双方具有法律约束力，必须认真履行兑现。集体合同要得到有效履行，除集体协商主体双方自我约束外，关键是要有有效的监督检查。通过监督检查督促企业认真兑现集体合同规定的劳动标准和劳动条件，规范企业在劳动用工管理方面的行为，增强集体合同的实效性和权威性。

（3）开展监督检查是对集体合同实行动态管理的有效机制。集体合同一经签订就要执行。经常性、定期或不定期的监督检查有利于及时发现问题，加强动态管理，双方及时协商沟通，适时调整方案的约定，严格履行集体合同，使劳动关系的调整更加适应企业发展过程中的客观情况。

（4）开展监督检查是防止发生集体劳动争议的有效手段。企业不执行集体合同规定的劳动标准、劳动条件或双方约定的其他事项，不仅会严重影响集体合同的法律严肃性和工作实效性，而且会侵害职工的合法权益，造成集体劳动纠纷，破坏企业正常生产工作秩序，危害社会稳定。加强集体合同履行的监督检查，能够及时发现和解决履行中的问题，切实保障职工利益，将可能引发的矛盾解决在萌芽状态，解决在基层，防止出现重大的群体性事件。

72 在推进工资集体协商中，工会需要把握的问题有哪些?

工会组织开展工资集体协商，必须遵循“促进企业发展、维护职工权益”的工作原则。实践证明，只有在工资集体协商中坚持这一原则，才能确保工资集体协商的正确方向，更好地发挥工资集体协商的作用。在遵循这一原则中，应把握好以下几个方面：

（1）牢固树立大局观念。工资集体协商作为协调劳动关系的重要机制，应着眼于推动转变经济发展方式、促进经济社会又好又快发展，按照有利于促进企业发展、有利于维护职工权益、有利于劳动关系和谐稳定的基本要求，制定工作目标，谋划工作思路，明确工作重点。通过工资集体协商，使职工工资水平在企业经济效益增长的基础上得到逐步提高，最大限度地调动企业和职工群众的积极性，更好地为党和国家的中心任务服务。

（2）正确处理企业利益和职工利益的关系。职工利益与企业发展是紧密相连的。促进企业发展，是维护职工利益的根本保证。没有企业的发展，职工权益的保障也就成为无源之水、无本之木。维护职工权益，是促进企业发展的社会基础。广大职工没有积极性和创造性，任何企业的发展都是不可想象的。只有职工权益得到切实的维护，广大职工的积极性和创造性才能得到充分激发，企业发展才有不竭的动力。工会在工资集体协商中，必须坚持以人为本，兼顾企业利益和职工利益。既要切实维护职工合法权益，为职工争取更多的利益，使职工的工资水平得到提高；又要尊重企业的利益，考虑到企业的经济效益和工资支付能力，要在企业经济效益提高的基础上提高职工的工资水平。在“双赢”的机制下求得两者最佳平衡点，实现企业和职工的共同发展。

（3）积极营造良好的内外环境。贯彻“促进企业发展、维护职工权益”的原则，就要积极争取包括企业经营者在内的社会各方面的理解和支持，为工资集体协商工作创造更为有利的外部环境。同时，按照“促进企业发展、维护职工权益”的原则，既维护职工合法权益，又维护企业利益，使企业与职工形成共识，达成协议，实现企业与职工效益共创、利益共享、互利双赢。

73 报送有关部门审查备案的集体合同，用人单位应提交哪些材料?

在工作实践中，集体协商后，经双方签字认可的集体合同报送人力资源和社会保障行政部门审查备案时，用人单位还应当提交以下材料：一是用人单位基本情况及法人资格证明；二是双方协商代表材料、首席协商代表的基本情况及协商代表资格证明材料；三是集体协商记录；四是职工（代表）大会审议的意见；五是集体合同文本；六是对集体协商、签订过程和对集体合同的说明；七是集体合同附件材料。

74 报送审查集体合同或专项集体合同有哪些具体要求?

集体合同或专项集体合同签订或变更后，应当自双方首席代表签字之日起 10 日内，由用人单位一方将文本一式三份报送人力资源和社会保障行政部门审查。人力资源和社会保障行政部门对报送的集体合同或专项集体合同应当办理登记手续。集体合同或专项集体合同审查实行属地管辖，具体管辖范围由省级人力资源和社会保障行政部门规定。中央管辖的企业以及跨省、自治区、直辖市的用人单位的集体合同应当报送人力资源和社会保障部或人力资源和社会保障部指定的省级人力资源和社会保障行政部门。

人力资源和社会保障行政部门应当对报送的集体合同或专项集体合同的下列事项进行合法性审查：集体协商双方的主体资格是否符合法律、法规和规章规定；集体协商程序是否违反法律、法规、规章规定；集体合同或专项集体合同内容是否与国家规定相抵触。

注意：劳动保障行政部门自收到文本之日起 15 日内未提出异议的，集体合同或专项集体合同即行生效。

75 行业性工资集体协商的适用范围及特点是什么？

行业性工资集体协商，是指在同行业企业相对集中的区域，由行业工会组织代表职工与同级企业代表或企业代表组织，就行业内企业职工工资水平、劳动定额标准、最低工资标准等事项，开展工资集体协商、签订行业性工资专项集体合同的行为。

同一行业的企业，特别是同行业非公有制中小企业、劳动密集型企业相对集中的地区，是开展行业性工资集体协商工作的重点。行业性工资集体协商一般在县级以下区域内的乡镇、街道、社区和工业园区开展。

相对于企业工资集体协商而言，行业性工资集体协商在协商层次、覆盖范围、整合资源、人力配备、减少社会成本、提升合同质量等方面都有着更多的优势。行业性工资集体协商具有调整劳动关系的层次更高、力度更大、范围更广的优点，具体包括以下几个方面：

（1）可以更加全面准确地收集和掌握资料。上级工会的“上代下”指导，地区行业内部各企业的通力配合，有利于工会方协商代表更全面、准确地收集资料，克服单个企业工会势单力薄的不利局面。

（2）可以更好地集中专家的力量研究分析协商方针和方案，避免了单个企业协商代表素质不高、不会谈的局面。

（3）可以有效解决企业工会所处的依附地位，避免了在企业工资集体协商中，企业职工代表与企业行政方正面交锋时，单个企业职工代表不敢谈的问题。

（4）行业性工资集体协商覆盖的人群更广。可以有效维护包括高新技术人员、农民工群体、劳务派遣工在内的广大群体的工资收入等合法权益。

（5）通过制定统一的劳动定额、工时工价标准，能够有效克服行业内部各企业乱挖墙脚的无序竞争状态，优化经济发展环境。

（6）行业性工资集体协商使同行业的劳动成本趋于平均化，

企业只有通过技术改造才能获得超额利润，有助于提升行业整体素质，提高区域经济竞争能力。

行业性工资集体协商成为大多数市场经济国家开展集体谈判的主要模式，也是当前我国工资集体协商发展的主要方向。

JI TI XIE SHANG ZHI DAO YUAN

第五部分

集体协商指导员

76 什么是工资集体协商指导员?

工资集体协商指导员，特指由工会组织领导、聘用和管理，负责指导、帮助和参与基层工会代表职工与企业方或企业代表组织进行工资集体协商、签订工资专项集体合同的人员。一般由工会从社会各界从事劳动关系领域工作的专家、学者、律师、教师、社会工作者、企业管理工作者、工会工作者等方面人士中聘用。

工资集体协商指导员实行专兼职相结合，各级工会都应根据实际情况，从有利于工作的开展、有利于工资集体协商制度的建立、有利于工资集体协商质量提高的角度出发，建立专兼职工资集体协商指导员队伍。

专职工资集体协商指导员可从各级工会组织、人力资源和社会保障部门、综合经济部门以及企业中长期从事工会工作或人力资源管理工作的离岗、内退人员中选聘；兼职工资集体协商指导员可从熟悉有关法规政策、精通工资集体协商知识、具有协商技能技巧的专家、学者、律师、教师、社会工作者中选聘。

77 集体协商指导员与职工协商代表相比，具有什么优势?

在开展集体协商工作时，集体协商指导员与工会干部和职工协商代表相比优势是比较明显的，主要体现在以下几个方面：

（1）在熟悉法律政策和能力素质上具有优势。集体协商指导员熟悉国家和地方的劳动法律法规和政策，具有依法依规协调劳动关系的能力和政策水平；熟悉企业情况，具有企业管理方面的知识和工作经历；熟悉工会工作，具有一定的协商知识和实践经验；熟悉民情民意，具有较强的社会责任感和正义感，在协商中敢于表达职工的利益诉求，维护职工的合法权益；具有较强的组织协调能力、综合辨析能力和语言表达能力，能够在协商中为职工提供强有力的智力支持，更好地解决“不敢谈”“不会谈”“不善谈”等问题，提高集体协商质量和水平。

（2）在整合职工诉求上具有优势。在企业中，不同职工的利益诉求差异性较大，集体协商指导员能够将职工的不同诉求集中和统一起来，指导和代表职工与企业方进行有重点和有针对性的协商，使大多数职工的愿望得到满足，从而避免劳动关系矛盾激化，稳定职工队伍，进一步促进劳动关系的和谐稳定。

（3）在促进理性协商上具有优势。集体协商指导员与企业和职工不存在直接利益关系，可以更加理智地分析和考虑企业实际情况，既努力满足职工愿望，又顾及企业发展和职工长远利益，从而保证协商议题、协商过程和协商结果更趋于理性、公正和合理，促进企业和职工双方利益共享。

78 工会专、兼职集体协商指导员有什么不同?

工会专职集体协商指导员是指由工会组织聘用、领导和管理，专职负责指导、帮助和参与基层工会代表职工与企业方或企业代表组织进行集体协商、签订集体合同以及从事集体协商相关工作的人员。

（1）专职集体协商指导员与兼职集体协商指导员相比，最大的特点是其具有专职化、专业性、独立性，能够更加全面主动地开展集体协商相关工作，推动集体协商工作的质量水平不断提高。

（2）与兼职集体协商指导员相比，专职集体协商指导员一般实行集中驻会办公，有更多的时间和精力投入指导或代表企业工会开展集体协商工作，有利于解决工会人手不够的问题。

（3）专职集体协商指导员可以接受委托进行跨企业、跨行业、跨区域指导工作或作为职工代表参与协商过程，有利于解决基层工会人员独立开展协商时遇到的困难和问题。

（4）集体协商是一项专业性强、涉及面广的工作，要求职工协商代表必须了解政策、熟悉法律、精通业务、善于协商，有较高的协商能力。专职集体协商指导员一般是经过专业培训和实践锻炼的，具备更强的专业知识技能及丰富的实践经验。

79 专职集体协商指导员的主要职责有哪些？

在《中华全国总工会关于加强专职集体协商指导员队伍建设的意见》中，对专职集体协商指导员的职责有明确规定，归纳起来主要有以下几个方面：

（1）积极宣传指导。面向企业（行业）宣传开展集体协商的意义和作用，提供政策法律咨询，推动企业建立完善集体协商机制，指导和帮助企业工会、行业性（区域性）工会联合会收集整理与集体协商相关的资料、职工意见，提出协商要约，拟定协商方案，研究协商策略，确定协商内容，起草集体合同草案等。

（2）参与业务培训。协助本级工会对负责集体协商工作的工会干部、职工方协商代表等进行业务培训，着力提高工会干部和职工方协商代表开展集体协商的能力和水平。

（3）认真参加协商。接受上级工会指派或接受企业工会、行业性（区域性）工会联合会委托，作为职工方协商代表直接参加集体协商。对集体协商过程中发生的重大问题，及时向本级工会报告并提出意见建议。

（4）做好调查研究。调查了解地区、行业、企业人工成本、经营状况以及与集体协商相关的各种数据和信息，为基层工会开展集体协商提供数据支持；及时了解本地区开展集体协商工作的最新动态，发现和总结本地区先进经验和做法；对履行职责过程中面临的新情况、新问题进行调查研究，提出对策建议。

（5）加强监督检查。按照本级工会的统一部署，参加对本地区集体合同履行情况的定期监督检查，协助本级工会对集体协商工作开展情况进行监督指导。

80 专职集体协商指导员应该具备哪些条件？

《中华全国总工会关于加强专职集体协商指导员队伍建设的意见》中规定，专职集体协商指导员应具备以下条件：

（1）认真贯彻习近平新时代中国特色社会主义思想，坚定不移走中国特色社会主义工会发展道路，政治立场坚定，品行端正，作风严谨，办事公道，热心服务职工群众，廉洁自律，具有较强的事业心和责任感。

（2）掌握国家和地方劳动法律法规和相关政策，熟悉企业人力资源管理、财务制度，以及劳动工资、社会保障、劳动安全卫生等相关专业知识。

（3）熟悉集体协商工作，具备一定的集体协商专业知识和实践经验，有较强的组织协调能力、协商谈判能力和研究解决问题的能力。

（4）身体健康，能独立承担参加协商、调查研究、工作指导和培训教学等任务。

注意：选聘专职集体协商指导员，应优先选用具有协调劳动关系专业资质及曾在劳动人事和法律援助机构工作的人员，将具有一定专业知识、热心服务职工群众的人才纳入专职集体协商指导员队伍中。

81 如何选聘专职集体协商指导员？

《中华全国总工会关于加强专职集体协商指导员队伍建设的意见》中规定，各地应根据本地企业、职工队伍和劳动关系情况，科学合理制定人员选聘办法，有序推进专职集体协商指导员队伍建设。选聘办法主要有三种：

（1）工会直接选聘人员。各地工会可优先从机关事业单位、企业的离岗退休人员中选聘。专职集体协商指导员年龄一般不超过65周岁，特殊需要的经上一级工会同意可延聘至68周岁。

（2）开发工会社会工作者岗位。对接本地区工会社会工作专业人才队伍体系，采用购买岗位或者设置专业岗位等方式，从本地区工会社会工作人才队伍中配置专门人员担任专职集体协商指导员。

（3）购买社会组织服务。工会大力培育孵化职工服务类社会组织，面向具有专业资质的社会组织购买集体协商工作相关服务，由社会组织承接工会集体协商工作任务或提供相关专业人才。

在专职集体协商指导员的选聘过程中，各地工会组织应按照专职集体协商指导员的职责任务和任用标准，坚持公开、平等、竞争、择优的原则，严格把好准入门槛，认真规范选聘程序步骤，建立规范合理的选聘工作制度。

注意：省（区、市）总工会可以直接从符合条件的人员中择优选聘。各地（市）级及以下地方总工会、开发区（工业园区）工会可从符合条件的各类人员中择优选聘，统一培训，考试合格后颁发聘任证书，登记注册，建立档案，报上级工会备案。各省（区、市）总工会应每年将辖区内聘用的专职集体协商指导员基本情况报全国总工会权益保障部备案。

82 如何保障专职集体协商指导员队伍长期稳定发展?

《中华全国总工会关于加强专职集体协商指导员队伍建设的意见》中指出，通过制定相应办法、完善工作机制，建立健全专职集体协商指导员工作保障、考核激励、定期培训、联系沟通、职业发展等制度，保障专职集体协商指导员队伍长期稳定发展。

（1）建立工作保障制度。建立健全专职集体协商指导员薪酬或补贴制度。各级工会应根据当地经济社会发展水平，统筹考虑社会平均工资、其他社会工作者薪酬等因素，合理确定薪酬标准和增长机制。完善专职集体协商指导员工作保障机制，为其开展工作提供必要的办公条件，合理解决其交通费、伙食费、差旅费、保险费、通信费等。

（2）建立考核激励制度。建立分级考核制度，按照不同的管理权限和工作要求，建立岗位责任制，量化考核指标；定期开展工作业绩评估考核，根据考核情况决定续聘、解聘或调整工作，对工作业绩特别突出的专职集体协商指导员应给予适当奖励。

（3）建立定期培训制度。制定专职集体协商指导员培训规划，有计划、有重点，分步骤、分层次开展培训，创新培训方法，拓展培训内容，通过集中学习、交流观摩、模拟协商、典型案例分析等多种形式，逐步提升专职集体协商指导员的专业水平。

（4）建立联系沟通制度。建立工会组织与本级聘用的专职集体协商指导员之间定期联系沟通制度，及时安排部署工作、交流通报情况、研究解决问题，进一步增强专职集体协商指导员队伍的凝聚力、责任感、归属感。

（5）建立职业发展制度。注重当前需要和长远发展相结合，探索建立专职集体协商指导员职业发展通道，鼓励他们参加相关专业技术考试和职业资格认证，拓展职业发展空间，逐步建立专职集体协商指导员的人才培养制度。

83 工资集体协商指导员如何提升自身综合素质？

工资集体协商指导员自身综合素质的高低，直接影响工资集体协商的质量和效果。作为一名工资集体协商指导员，只有不断提升业务素质和工作能力，才能履行好自身的职责。因此，工资集体协商指导员要自我加压，重视学习，加强学习，善于学习，增强学习的主动性、自觉性，真正把学习作为一种工作责任、一种内在需求。要坚持向实践学习、向书本学习、向职工学习，不断丰富学习内容，提高学习效率，多探讨理论，多研究问题，增长推进工资集体协商工作创新发展的新本领，增强研究问题、分析问题、解决问题的能力，努力成为胜任本职工作的行家里手。

（1）坚持向实践学习。工资集体协商工作是一项业务性、操作性非常强的工作。工资集体协商指导员要把在基层实践中创造的好经验、好做法作为生动教材，认真学习、吸收、借鉴企业开展工资集体协商的创新思路与方法，积极参与企业工资集体协商全过程，丰富自身的实践经验，增强工作的预见性和可操作性。

（2）坚持向书本学习。针对工资集体协商政策性、专业性强的特点，工资集体协商指导员必须坚持多读书，学习国家、地方有关收入分配的法规政策、工资业务知识、协商操作技能等，并从中不断吸收新知识，开阔新视野，明确新要求，掌握新方法。

（3）坚持深入基层职工中做调研。职工的意愿和呼声是工资集体协商的第一信号。工资集体协商指导员要经常深入各类企业，深入广大职工特别是一线职工中，认真倾听职工对于工资收入分配方面的意见和呼声，收集职工的意愿和要求，把研究和解决职工反映的问题作为工资集体协商的重要课题，不断提高工作的针对性和实效性。

84 工资集体协商指导员要当好哪“五员”？

对于一名优秀的工资集体协商指导员来说，要完成好肩负的重要任务，有大量需要耐心的细致工作要做。从工作实践中我们可以看到，要在推动工资集体协商中当好“五员”，才能收到事半功倍的效果。

（1）当好宣传员。要深入宣传法律、法规、政策，宣传对象既包括企业的经营者，也包括企业的职工，使企业和广大职工认识到工资集体协商为企业发展和职工权益带来的实实在在的好处，增强企业建立工资集体协商制度的主动性和积极性。

（2）当好发动员。要深入企业发动开展工资集体协商，做深入细致的说服、动员工作，特别是让未建制的企业都来建立工资集体协商制度；调动广大职工的参与热情，让广大职工知晓并积极参与工资集体协商全过程。

（3）当好指导员。要指导企业依法按程序开展工资集体协商工作，积极主动开展工资集体协商要约，规范协商的各个环节，培养一批懂政策、精业务、能协商的协商代表，成为开展工资集体协商工作的行家里手。

（4）当好商谈员。工资集体协商指导员可受企业工会的委托、受上级工会的指派，作为职工方工资集体协商正式代表到企业参加工资集体协商，处在工资集体协商的第一线，不仅要敢谈，还要善谈、会谈，谈出成果，谈出成效。

（5）当好信息员。要把职工的呼声、企业遇到的问题，及时向聘任的工会组织反映和反馈，同时也要把上级工会的主张向下传达，进行信息交流，通过信息的畅通，推动工资集体协商工作的顺利开展。

85 建立工资集体协商指导员队伍的重要性是什么？

建立工资集体协商指导员队伍是为了有力推动工资集体协商工作，加强维权机制建设，促进劳动关系和谐发展。具体来讲，建立工资集体协商指导员队伍的重要性有如下几点：

（1）建立工资集体协商指导员队伍，是保障广大职工获取合理收入报酬的有效手段。在劳动力供大于求、强资本弱劳动的现实情况下，职工相对企业处于弱势地位。同时，职工由于知识素养、文化背景、劳动经验、技术水平、能力的不同，在维护自身权益时也处于不利的地位。建立工资集体协商指导员队伍，可以有效提升职工方的工资集体协商能力和水平，更好地维护职工的核心经济权益，从而保证职工获得公平、合理的工资收入。

（2）建立工资集体协商指导员队伍，是推动企业建立健全工资集体协商制度的客观需要。工资集体协商指导员利用熟悉政策、精通业务、善于协商的专业优势，围绕推动企业建立工资共决机制，指导和帮助基层工会或者受基层工会请求和上级工会委派直接代表职工方参与工资集体协商、签订工资专项集体合同，促进企业建立职工工资正常增长机制和支付保障机制，加快了工资集体协商建制步伐。

（3）建立工资集体协商指导员队伍，是工会更好表达职工利益诉求的现实要求。通过发挥工资集体协商指导员的作用，推动企业建立工资集体协商制度，建立职工表达工资增长诉求的沟通渠道，形成工资共决机制，完善企业工资分配制度，保障职工对企业工资分配的知情权、协商权和监督权，在企业发展的基础上，使职工收入不断提高，扩大工资集体协商的社会影响力，增强工会组织的凝聚力。

总之，建立工资集体协商指导员队伍，加强工资集体协商指导员队伍建设，是贯彻落实“依法推动企业普遍建立工会组织、依法推动企业普遍开展工资集体协商”的要求，加强维权机制建设，推动企业建立以工资集体协商为重点的集体协商机制的客观需要；是工会深入推进工资集体协商工作、提高工会干部集体协商能力、切实提高工资集体协商水平和工资专项集体合同质量的关键环节。各级工会要充分认识建立工资集体协商指导员队伍、加强工资集体协商指导员队伍建设的重要意义，切实在推进工资集体协商工作中发挥好工资集体协商指导员队伍的作用。

86 如何在制度建设方面保障工资集体协商指导员队伍平稳健康发展？

建立完善工资集体协商指导员管理制度时注意完善其工作

机制，对工资集体协商指导员队伍实施有效管理，是加强集体协商指导员队伍建设、充分发挥其作用的基础性工作。从工作实践来看，加强工资集体协商指导员队伍规范化、制度化建设，应从以下五个方面入手：

（1）聘任制度。工资集体协商指导员实行聘任制，选聘工作由各地工会本着公开、公平、择优录用的原则组织聘用，聘任期一般为1至3年，具体聘任期限由双方协商确定，并登记备案。

（2）培训制度。工资集体协商指导员在任职前都应参加工资集体协商专业培训，担任工资集体协商指导员后，每年至少接受一次专门培训。各级工会要定期组织工资集体协商指导员参加培训、考察、研讨、交流活动，提高工资集体协商指导员的业务素质和协商能力。

（3）考核制度。建立考核激励机制，建立工作台账，定期对工资集体协商指导员进行工作考核和业绩评估，并根据业绩考核情况做好续聘、解聘工作。

（4）档案制度。建立工资集体协商指导员档案，加强对工资集体协商指导员的档案管理，建立动态管理和交流平台，保存业绩考核记录和相关的信息资料。

（5）奖励制度。对工资集体协商指导员实行补贴、奖励制度，对参与企业工资集体协商的指导员要给予一定的报酬，对工作业绩突出的要进行表彰奖励。

87 加强集体协商指导员队伍建设对各级工会组织提出了什么要求?

从集体协商工作实践可以看出，加强集体协商指导员队伍建设非常必要。其对各级工会组织提出了要求，总结归纳起来，主要有五个方面的要求：

（1）必须加强组织领导。各级工会要切实加强组织领导，研究制定发展规划，落实工作保障机制，确保专职集体协商指导员队伍健康发展、发挥作用。同时要把加强专职集体协商指导员队伍建设作为一项长期性基础性工作来抓，努力培养造就一支善于协调劳动关系的人才队伍。

（2）明确职责任务。各级工会要进一步明确职责任务，分级抓好落实。省级总工会负责统一制定管理办法和工作细则，建立本省专职集体协商指导员数据库，加强工作考核，确保本地区各级工会足额配齐配强专职集体协商指导员。各级地方总工会负责本级工会聘用的专职集体协商指导员的日常管理，建立工作档案，定期督促检查，开展年度考核，充分发挥专职集体协商指导员的作用。

（3）强化经费保障。各级工会要建立和完善专职集体协商指导员队伍经费保障机制。全国总工会将根据专职集体协商指导员队伍建设情况给予适当补贴。各省（含省）以下地方总工会要列支专项经费对下级工会进行补助，保障本地专职集体协商指导员队伍的稳定和发展。各级工会要结合实际，因地制宜，结合绩效评价工作，对于专项经费发挥效益好的，应加大支持力度。

（4）强化督促检查。各级工会聘用专职集体协商指导员的专项经费必须做到专款专用。全国总工会将不定期对专项经费及配套资金的落实和使用情况进行检查，对不按规定列支专项经费的，全国总工会将缓拨或减拨下一年度该项经费；挪用该专项经费或虚报聘用专职集体协商指导员人数的，全国总工会将停拨该专项经费。各级地方工会要采取经常性督查和随机抽查等方式，及时了解掌握本地区专职集体协商指导员专项经费使用情况，加强对选派到县及县以下行业、乡镇（街道）、开发区（工业园区）工会（工会联合会）工作的专职集体协商指导员的指导和服务。

（5）营造良好氛围。各级工会要进一步加大宣传力度，推动形成有利于专职集体协商指导员队伍充分发挥作用的良好社会氛围；要积极争取党委、政府、人大、政协以及社会各界对加强集体协商指导员队伍建设工作的关心支持，形成齐抓共管的良好局面。

88 工资集体协商指导员的主要职责是什么？

建立工资集体协商指导员队伍，最主要的是要根据实际情况明确职责要求，在开展工资集体协商中充分发挥其重要作用。概括的讲，工资集体协商指导员的职责主要有以下五个方面：

（1）指导和帮助基层工会开展工资集体协商、签订工资专项集体合同，推动企业建立工资集体协商共决机制、职工工资正常增长机制和支付保障机制。具体承担指导和帮助基层工会收集职工意见、提出协商要约、拟定协商方案、研究协商策略、确定协商内容、起草工资专项集体合同草案等工作，并负责收集和整理与工资集体协商相关的企业经营生产情况、资料、数据和信息。

（2）受地方工会的委派，接受企业工会委托作为职工方工资集体协商正式代表，全过程参与基层工资集体协商，跟踪了解工资专项集体合同的履行落实情况，指导企业建立适应行业企业特色的工资分配制度。

（3）为基层工会开展工资集体协商提供咨询服务。宣传国家和地方劳动法律法规、政策和工资集体协商相关专业知识，并在同级工会的领导下，对工资集体协商实践经验进行总结，协助基层工会开展好工资集体协商。

（4）对企业职工方工资集体协商代表进行培训，提高其协商能力，使其掌握有关法规、政策和协商技巧、履约监督、财务、统计等知识，包括劳动分配率计算方法、劳动效率系数法等工资测算的基本方法；提高工会干部职工协商代表的专业知识水平，并根据每个代表的特点进行分工，掌握一定的协商艺术，以达到较好的协商结果。

（5）依照国家法律法规、宏观工资政策，对企业职工工资集体协商过程中的协议签订、公布、报送、履约情况进行监督，配合工会、劳动行政部门或企业职工代表对工资专项集体合同执行情况进行定期检查。

注意：工资集体协商指导员作为企业职工方工资集体协商代表时，除履行指导员的职责外，还应履行以下职责：参加工资集体协商；接受职工方人员质询，及时向职工方人员公布协商情况并征求意见；提供与工资集体协商有关的情况和资料；代表职工方参加工资集体协商和履行过程中争议处理；监督工资专项集体合同的履行；法律、法规和规章规定的其他职责。

89 如何做好专职集体协商指导员？

随着集体协商制度在国家整体布局和工会工作全局中的地位的不断提升，集体协商工作的社会影响不断扩大，对专职集体协商指导员加强自身建设，进一步做好工作的要求也越来越高，概括起来主要有以下几点：

（1）要有强烈的使命感和责任感。广大专职集体协商指导员要增强使命感、责任感，真正认识到做好集体协商工作意义重大，认识到集体协商是预防和化解劳动关系矛盾，构建和谐劳动关系、和谐社会的重要途径；是工会维护职工权益的重要手段；是推进收入分配制度改革，实现社会公平公正的重要方式。站位高，才能在行动上自觉。

（2）要加强学习提升能力。集体协商是一项政策性、业务性很强的工作，要成为一名合格的专职集体协商指导员，就需要不断学习，全面了解掌握相关法律法规和政策。与此同时，集体协商又是一项实践性很强的工作，不断在实践中应用学到的知识，才能提高协商谈判能力。

（3）要深入基层做好指导。专职集体协商指导员的岗位处于集体协商工作一线，只有积极深入基层、切实加强对下指导，才能充分发挥作用。目前，专职集体协商指导员普遍深入一线指导，基本都有指导企业、行业、区域开展集体协商工作的具体经历，在指导基层开展集体协商中做过大量细致的工作。

（4）要认真总结经验，推动工作。科学的工作方法是推动集体协商工作深入发展、取得实效的重要途径。专职集体协商指导员在实践中应不断总结工作经验，破解企业集体协商难题，寻找宣传发动职工、提高集体协商有效性、开展行业集体协商以及开展业务培训等方面行之有效的方式方法。

90 建立集体协商专职指导员队伍的现实意义是什么？

集体协商的实践表明，谈判代表的素质是影响谈判成败和谈判质量的关键因素，因此要着力培养一批工会自己的谈判专家。当前我国集体协商还处于起步阶段，由于大多数工会干部缺乏集体协商方面的法律政策和专业谈判知识，加之一些企业工会地位不独立、基层工会干部维权保护措施不到位等因素，导致许多工会干部在集体协商工作中力不从心，无法很好完成履职工作，不能代表职工与企业开展真正的利益博弈。为此，近年来，各级工会在建设集体协商专门人才队伍方面进行了有益探索，并逐步建立起一支专兼职结合、以专职为主的集体协商指导员队伍，较好地发挥了宣传指导、参与培训、参加协商、调查研究、监督检查等作用。

随着构建和谐劳动关系、集体协商工作和产业工人队伍建设改革的深入推进，对从事这项工作的人员数量和专业水平提出了更新、更高的要求。各级工会必须不断加大人、财、物投入力度，着力培养选聘一批懂法律政策、能代表职工、会维护权益、善于协商协调的集体协商指导员，切实建立起一支工会自己能用、管用、好用的谈判专家队伍，切实担负起集体协商工作的重担。

对建立起来的集体协商指导员队伍，要注重管理和使用，健全完善指导员聘任和管理制度，制定科学合理的考核评价体系，实现队伍规模数量和质量效果相统一，为开展集体协商提供专业技术支持，不断提高集体协商的质量和水平。

JI TI XIE SHANG
ZHI XIAO PING GU

第六部分

集体协商质效评估

91 为什么要建立集体协商质效评估体系?

从目前情况看，各级工会把依法推动企业普遍开展工资集体协商摆上了重要位置，推动企业依法开展工资集体协商工作取得了明显的成果。但各地工会在开展集体协商工作中还存在一些问题有目共睹，这就需要建立一套完备的集体协商质效评估体系，对其集体协商工作的好坏进行评定。

（1）从开展集体协商的整体情况来看，全国不同地区开展集体协商工作存在不平衡的现象，各地工会在推进工资集体协商制度建设、工作力度方面有所差异，工作的实际效果也各不相同。

（2）从企业具体情况来看，部分企业存在协商质量不高、协商程序不规范、协商条款格式化等问题。

（3）从开展集体协商的实际效果来看，一些地方存在开展协商走过场的现象，工资集体协商共决机制并没有真正形成，工资集体协商在调节企业收入分配差距、维护职工权益方面的作用也并没有完全发挥出来。

因此，建立一套全面、科学、规范的质效评估体系，既可以对集体协商工作的实际情况、整体效果进行条理化、精确化的统计和分析，用量化指标客观反映集体协商工作的政策效果、推进力度，又可以对集体协商工作质量和实效性进行全面的评估，及时发现问题、研究问题、解决问题，增强集体协商工作的针对性和实效性。

92 集体协商质效评估体系建立的过程是怎样的？

全国总工会委托人力资源和社会保障部劳动科学研究院于2017年开展了“集体协商质效评估体系”课题研究。在多次召开座谈会听取省、市和基层工会意见后，最终形成《集体协商质效评估体系研究》课题报告，该报告由政府部门、地方工会干部和业内专家等组成的评审组进行评审，最终获得通过。

2018年，全国总工会选取10个省（区、市）25个城市中的126家企业和38个行业开展试点工作。试点地区普遍反响良好，认为通过开展集体协商质效评估工作，可以引导企业（行业）建立以满足职工需求和助力企业发展为目标的工作导向，有力推动了集体协商工作质量的提升，切实增强了广大职工和企业行政方对集体协商工作的认可度。同时，各地也就进一步完善评估体系提出了意见建议。试点工作结束后，全国总工会根据各地反馈意见，对质效评估体系作了进一步的修改和完善，增强了可操作性，避免因开展质效评估工作而增加企业和基层工会的负担。

2019年，全国总工会正式下发《深入开展集体协商质效评估工作方案》，就开展质效评估工作进行部署安排，自此，集体协商质效评估工作在全国铺开。

93 集体协商质效评估体系由哪些内容组成?

全国总工会下发的集体协商质效评估体系由四个部分组成，即两套分别适用于企业、行业集体协商工作的质效评价标准表和两张分别由职工方、企业行政方填写的测评表，通过质效评估体系的考核，力求全面、客观、真实地呈现企业、行业集体协商工作的质量效果。

企业、行业集体协商工作的质效评价标准表是在坚持依法依规的基础上，吸纳各地近年来在推进集体协商工作中的良好实践经验，分级设立了“基本标准”和“示范标准”两个层次，引导在集体协商过程中，进一步规范代表产生、要约应约、协商会议、审议报送、公示等协商程序，鼓励多种形式和渠道收集企业和职工意愿和诉求，并根据职工多样化的诉求和企业发展需要，不断增强集体协商内容的针对性和实效性，既要回应职工最关心、最直接的利益诉求，也要解决企业行政方最关心的劳动问题。

企业职工和行政方问卷调查是希望通过问卷方式，量化企业、行业集体协商所覆盖的职工对集体协商工作的知晓率、参与率、满意率和企业行政对集体协商工作的认可度，然后转换成企业、行业质效评价标准表中综合评价部分相应的分值占比，实现对集体协商工作效果的综合评价。问卷调查的目的是引导企业、行业在开展集体协商的过程中，既要注重程序规范，也要确保取得实效，不断增强职工的获得感和企业行政的满意度。

94 集体协商质效评估体系的工作要求是什么?

（1）细化完善评估体系。各级工会要参照企业（行业）集体协商质效评估体系标准，根据本地实际和工作侧重，进一步分解细化各项评估标准，构建适合本地区（行业）和企业实际的集体协商质效评估体系，促进集体协商工作质量的不断提升。

（2）大力推广评估体系。各级工会要根据工作要求，将评估体系转化为集体协商工作业务指引、流程解释、指导手册等，结合实际推广应用评估体系。要将评估体系作为集体协商培训工作的重点，使各级从事集体协商工作的工会干部和指导员了解评估体系，掌握质效评估工作流程，引导树立新时代集体协商工作的正确导向，推动质效评估广泛、持续、健康发展。

（3）多形式开展质效评估。各级工会要鼓励企业（行业）集体协商双方在一个集体协商工作流程结束后进行内部自我评估，发现问题与不足，进一步改进集体协商工作内容。鼓励各地区工会或者协调劳动关系三方根据工作需要，联合或单独进行外部评估，并向被评估企业（行业）反馈评估结果，指出问题，督促改进。要把专职集体协商指导员作为开展质效评估的重要力量。鼓励引入第三方调查机构参与评估，增强质效评估的客观性和准确性。

（4）充分使用评估结果。各级工会要将评估结果运用到工会组织的各项工作中，与基层组织建设、民主管理等工作互相促进，推动工会工作水平不断提高。各地区可根据评估结果对企业（行业）的集体协商工作进行分级评定，并作为推选“劳动关系和谐企业”“模范职工之家”等荣誉称号的重要参考。

（5）切实加强组织领导。各级工会要从贯彻落实党中央、国务院决策部署，切实履行工会基本职责，增强工会组织凝聚力的高度，认识加强集体协商质效评估机制建设的重要意义，切实加强组织领导，结合实际推动质效评估深入开展。各级工会要由集体协商工作部门牵头，制订周密工作计划，推动集体协商建制企业（行业）普遍开展质效评估，促进集体协商工作提质增效，增强职工的获得感、幸福感和安全感。全国总工会将适时对各地质效评估推进情况进行调研指导，并总结通报各地进展情况和成功经验。

95 集体协商质效评估体系的目标和任务是什么?

集体协商质效评估体系的目标是：通过建立和完善以职工参与率、知晓率、满意率和企业认可率为导向的集体协商质效评估体系，以开展质效评估为牵引，进一步规范集体协商的代表产生、协商准备、议题确定、协商过程、审议通过、审查备案等程序，增强集体协商的针对性和实效性，形成促进解决企业和职工关心的问题，提升职工知晓率、参与率、满意率的工作导向，增强职工对集体协商工作的获得感和对企业的认可度，进而增强工会组织的凝聚力和吸引力。

集体协商质效评估体系有以下几个方面的任务：一是要坚持服务党政大局。以习近平新时代中国特色社会主义思想为指导，牢牢把握为实现中华民族伟大复兴的中国梦而奋斗的时代主题，通过深入开展质效评估，促进集体协商工作提质增效，推动企业完善产业工人技能形成机制和激励制度，引导职工主动提升技能素质、积极开展技术创新，在推动高质量发展中充分发挥主力军作用，助力企业增强活力和实现经济新旧动能转换；二是要坚持促进企业发展。要鼓励以企业（行业）自评为主、外部评估为辅，引导企业（行业）对照评估体系，查找集体协商工作短板，不断提高工作质量。通过开展质效评估，建立完善以集体协商为主要载体的企业（行业）与职工协商对话沟通机制，引导职工对工资福利增长的合理预期，理性表达利益诉求，实现企业与职工共同发展、共渡难关、共享成果，形成利益共同体；三是要坚持维护和发展职工权益。要把是否解决广大职工最关心、最直接、最现实的利益问题作为质效评估的重点内容，把组织动员职工全程参与、增强职工获得感作为质效评估的目标，使集体协商工作真正反映职工意愿、体现职工诉求，努力实现在促进企业发展中维护好职工合法权益的目标。

96 开展集体协商质效评估的原则是什么？

开展集体协商质效评估，必须坚持以下原则：

（1）客观公正。质效评估过程是否客观、公正，直接影响到质效评估的实际效果。因此，质效评估活动必须阳光操作，所有质效评估均应该由社会各界和职工监督，确保质效评估公开、公正。要将质效评估工作的主要内容、实施办法、程序步骤等流程向社会公开；要将质效评估操作过程公开，集中发放质效评估问卷，现场填写；要将质效评估结果公开，现场向职工公布质效评估结果。

（2）科学合理。要想质效评估活动反映实际，关键是质效评估机制的科学性。为保证质效评估活动科学合理，应该制定严谨细致的日常工作考核细则，做到考核目标量化、细化；应该建立动态质效评估档案，详细记录每年一次的质效评估过程和结果；应该丰富质效评估形式，必要时还可以开通职工网上评估，让职工“点赞”或“拍砖”；评估时间要集中，每年开展集体协商后，都应及时开展质效评估；应该网上公开质效评估结果，由职工评判监督。

（3）注重实效。能否突出集体协商质效评估重点，要看集体协商是否实现了企业要的绩效及员工要的报酬，即是否对等；是否实现了企业与员工共创、共享、共赢；是否朝着构筑劳动关系双方利益共同体、事业共同体、命运共同体、使命共同体的目标迈进。

97 集体协商质效评估的程序是怎样的?

集体协商质效评估程序是集体协商质效评估的重要一环，也是集体协商质效评估质量的重要保障。确保集体协商质效评估程序的科学性是保证集体协商质效评估科学、规范、高效的关键环节。一般来讲，集体协商质效评估应遵循如下程序：

（1）制定质效评估方案。对确定开展质效评估的集体协商，要成立专门的集体协商质效评估小组，组织职工代表开展质效评估活动，或者组织相关部门和专家、学者或委托有资质的第三方机构进行。集体协商质效评估方案要准确把握评估重点，明确评估牵头和协助部门的责任，建立专项档案，适时组织实施。

（2）收集评估信息。不同的质效评估视角有不同的质效评估指标，获取不同的质效评估指标的信息有不同的渠道和方法。无论质效评估信息或数据怎样获取，都一定要确保准确可信。

（3）形成质效评估报告。综合收集掌握的情况，并对集体协商质效评估事项实施的前提、时机以及后续工作进行科学的预测分析和研究。

（4）反馈评估结果。评估主体将结果反馈给劳动关系双方，指出问题，提出建议。

注意：对集体协商要建立一套规范的质效评估机制，应确保质效评估主体构成合理、评估内容完备、评估程序科学、评估结果客观公正，从而为在更深层次提升集体协商实效奠定基础。

98 开展集体协商质效评估的意义是什么？

采用科学的方法和有效的工具对集体协商实践进行质效评估，是推动企业、行业、区域依法开展集体协商，规范签订集体合同的一项重要措施，它有利于促进集体协商机制的普遍建立，促进不断规范和完善集体协商制度规则，检验集体协商工作效果，充分发挥集体协商制度在发展和谐劳动关系、促进企业发展、维护职工权益中的重要作用。

一方面，建立集体协商质效评估机制，作用于集体协商制度建设本身，能够促进集体协商制度建设更加科学、完善；另一方面，建立集体协商质效评估机制，能够有效提高集体协商制度执行力和执行效果，对集体协商过程更为科学的进行规范。因此，建立集体协商质效评估机制，对于检验集体协商工作效果具有十分重要的意义。

总之，建立并应用集体协商质效评估机制，可以客观地反映集体协商的工作进展、政策效果、执法力度、组织和实施的质量，使人们对集体协商的现状有一个条理化、精确化的认识；可以客观地对集体协商实践进行评估、分析、比较，并通过对集体协商实践的各类指标进行比较分析，找出工作中存在的问题，有助于提高集体协商的针对性和实效性；可以根据集体协商质效评估结果的对比，对集体协商实践状况作出评估，促进相关政策措施的及时调整，促进不同企业、行业、区域在集体协商实践中相互学习借鉴，促进职工广泛参与，促进集体协商机制的建立和更好的发挥作用。

99 集体协商质效评估为什么要尊重职工的意见？

集体协商质效评估要表达出集体协商所涉及的各个利益群体的愿望，尤其是职工的愿望。如果集体协商质效评估不能直接与职工利益挂钩，不能让职工亲身感受到集体协商给他们的生活带来的变化和好处，评估结论就不会很全面。因此，应该增加职工代表直评数量，充分发挥广大职工置身其中、比较了解集体协商在基层具体实践情况的优势。

作为集体协商的直接服务对象，广大职工最有发言权，最了解质效评估这项工作的实际情况。注重他们的评估意见，有利于评估结果的客观、公平、公正，可以更好地保证评估结果的真实性。这里需要特别强调，工会开展集体协商虽然应该有第三方评估，但尤其需要强调职工的评估。职工不是第三方，但职工的评估比第三方更有力、更重要。因为就工会与职工的服务与被服务的关系而言，被服务方的意见应该具有决定性。工会服务职工并不像商业合同，有纠纷一定要找一个中间人去评断，如果职工不满意工会的作为，服务就要改变，这是不能讲条件的。

总之，在进行评估时，一定要尊重职工的意见，确保评估结果的真实、客观、可接受度高，凝聚共识，协同完成集体协商质效评估工作。

100 为什么要开展集体协商职工满意度测评？

所谓职工满意度，是指职工接受企业的实际感受与其期望值比较的程度，即职工满意度是实际感受与期望值的比值。职工满意度是一个企业的幸福指数，是企业管理好坏和团队精神优劣的一种参考。

集体协商工作是维护职工合法权益的重要手段，是发挥工会职工之家作用的重要制度设计。为深入了解全国工会推进集体协商工作的现实状况，了解职工对集体协商的满意度情况，从而为进一步提升集体协商质量、增强集体合同实效打好基础，我们有必要组织引导有条件的工会进行职工满意度测评工作，以便掌握劳动关系第一手资料，这对于了解职工利益诉求、合理定位集体协商在推动建立和谐劳动关系方面的重要作用，具有十分重要的现实意义。

通过开展集体协商职工满意度测评，我们就可以分别了解职工对集体协商的认知度、认可度，把握制约集体协商工作深入推进的关键环节、制约因素和存在的主要问题，通过分析判断，结合开展集体协商工作实际提出有针对性的对策建议，为工会深入推进集体协商工作提供决策依据。

101 职工满意度测评应包括哪些主要内容？

职工进行满意度测评包括以下四个方面内容：

（1）对集体协商的知晓度进行测评。重点了解职工对集体协商制度的认识，职工对集体协商在维护职工合法权益方面作用的认可程度，对本单位开展集体协商情况的了解。通过考察职工是否知晓本单位签订集体合同和工资集体协议的具体内容、协商代表产生方式、协商具体过程等情况，详细了解职工对集体协商工作的知晓度。

（2）对集体协商的参与度进行测评。通过了解职工是否参与过集体协商议题征集、协商代表选举、对本单位集体协商作过哪些贡献等情况，了解职工对集体协商各个环节的参与程度，从而衡量集体协商过程是否规范、职工积极性调动是否充分、集体协商质量如何、是不是走过场。

（3）对集体协商的满意度进行测评。详细了解职工对集体协商效果的总体评价，对集体协商在维护自身权益方面发挥的作用是否满意；对工会在集体协商单位集体合同中规定的劳动报酬、工作时间、休息休假、保险与福利、劳动安全与卫生、职业培训、纪律与奖惩等，本单位工资专项集体合同中规定的工资水平、工资增长等内容的履行情况是否满意。

（4）征求对集体协商工作的意见建议。重点了解职工最关心的集体协商内容是什么，职工认为通过集体协商增加工资首要考虑的因素是什么；职工认为本单位集体合同还应补充哪些内容；职工认为影响单位集体合同履约的主要因素是什么；职工对本单位提高集体合同履约率有何意见和建议；职工对建立集体协商制度的期待和希望等。

102 开展职工满意度测评调查工作流程是什么？

开展职工满意度测评调查的工作流程包括以下五个环节：

（1）对工作人员做好培训。主要讲明开展集体协商职工满意度问卷调查工作的重要性，并提出工作要求；开展具体业务培训，让工作人员熟悉调查方案及三种调查问卷、掌握调查通知的要求、掌握调查样本选择标准和调查内容、掌握发放调查问卷时的说明导语、掌握组织召开各种座谈会的要求、熟悉个案访谈提纲、熟悉问卷调查工作的流程；进行座谈交流，对开展问卷调查工作的安排提出问题和建议，完善问卷调查工作。

（2）选择好样本企业。根据调查方案选择某个企业，与企业沟通后确定。掌握企业规模、所有制性质（只区分国有和国有控股、民营、外资和中外合资三类）、盈利状况、所属行业等信息。

（3）进入企业开展调查。调查包括问卷调查和个案访谈方式。发放问卷时，说明调查目的、填写的注意事项，问卷填写完成后收回封存并注意保密，按照要求做好个案访谈记录。

（4）组织召开座谈会。组织召开企业职工座谈会、企业经营者座谈会和企业工会干部座谈会，进一步了解企业和职工的想法，对问卷调查进行辅助印证。

（5）做好分析总结。调查工作结束后，将调查问卷、个案访谈记录、座谈会记录，以及企业、行业、区域集体协商典型的经验材料进行汇总分析，撰写调查报告。

103 建立集体协商工作激励约束制度的必要性是什么？

集体协商工作是事关职工切身利益的一项重要工作，如何开展好集体协商工作，建立工作激励约束制度是一项重要的保障措施。

（1）从工作层面看，建立集体协商工作激励约束制度是重视支持集体协商工作的具体体现。做好任何一项工作，都离不开必要的人力、物力、财力支持。建立激励约束制度的一个重要方面，就是要投入足够的专项资金支持这项工作。特别是当前开展集体协商工作，面临着各种困难和问题，若缺乏必要的激励措施和资金保障，就很难推动集体协商工作深入开展。

（2）从工会干部层面看，建立集体协商工作激励约束制度是充分调动工作积极性、主动性的必然要求。将工作考核与激励约束制度有机结合起来，既能够充分调动广大工会干部的工作热情和积极性，增强工作的使命感、责任感，也能够对工作相对落后的地区起到鞭策作用，形成比学赶超的生动局面。

（3）从企业利益层面看，建立集体协商工作激励约束制度是充分调动企业开展集体协商工作积极性的有效途径。把集体协商与评优评先等激励措施相结合，实行一票否决等约束办法，加大了对企业和企业经营管理者的激励约束力度，能够进一步健全利益导向机制，增强企业经营者开展集体协商工作的自觉性和主动性。

104 工会为什么要主动开展工资集体协商要约行动？

所谓工资集体协商要约行动，是指工资集体协商主体的任何一方，依法就签订工资专项集体合同相关事宜，以书面的形式向对方提出进行工资集体协商要求的行为。提出工资集体协商要约，是开展工资集体协商和签订工资专项集体合同的法定程序。

工会主动提出并开展工资集体协商要约行动，对于依法推动企业建立工资集体协商制度，完善劳动关系协调机制，充分发挥工资集体协商制度在发展和谐劳动关系、服务构建和谐社会和促进职工共建共享和谐社会中的优势具有重要意义和积极的促进作用。其重要性表现在以下三个方面：

一是提出工资集体协商要约，是我国法律赋予工会组织的一项重要权利。我国《劳动法》《工会法》等法律规定，工会通过平等协商和集体合同制度等，推动建立健全劳动关系协调机制，维护职工劳动权益，构建和谐劳动关系。工会代表职工向企业提出进行工资集体协商要求，是工会表达职工利益诉求的一个法律手段，是工会依法维权的职责所在。

二是开展工资集体协商要约，是建立和完善工资集体协商制度的首要环节。提出协商要约，启动协商程序，关键在于工会的主动要约，积极作为。通过工资集体协商要约行动，激发企业劳动关系双方自主协商的内在动力。

三是实施要约行动，是形成工资集体协商工作良好社会氛围的有效举措。通过开展工资集体协商要约行动，指导和帮助基层工会主动依法开展工资集体协商和签订工资专项集体合同，有助于赢得社会的理解与支持。

105 工会在开展集体协商要约过程中的职责是什么？

根据《中华全国总工会关于开展集体协商要约行动的意见》的相关规定，企业工会组织应主动向企业提出协商要约，启动协商程序，积极促进与企业开展集体协商和签订集体合同。

对于企业工会提出协商要约有困难的，其上级工会可依法代表基层工会向企业提出协商要约。小企业相对集中和行业集聚地区，县级以下区域工会或产业工会组织可以向相应一级的企业代表组织提出协商要约，通过开展区域性、行业性集体协商签订区域性、行业性集体合同。

根据需要，区域工会联合会或产业工会组织也可对本区域、本产业内所属企业直接发出协商要约，并同企业方开展集体协商和签订集体合同。

CHANG JIAN YI NAN
KUN HUO WEN TI

第七部分

常见疑难困惑问题

106 集体合同在签订和履行过程中存在的主要问题有哪些？如何解决？

集体合同履约难问题已经对集体合同制度的顺利实施构成了很大障碍，亟待解决。集体合同存在的主要问题有以下几个方面：

（1）程序简化。当前，在集体合同签订中，一些工会和企业重签订轻协商的现象十分普遍，有的根本没有协商过程，即使协商也往往是走过场。集体合同文本也多是统一印制的格式化文本，由企业经营者和工会负责人共同签字上报了事，协商程序则成了多余的程序。

（2）内容空洞照抄法律。在实践中，集体合同照抄法律法规的情况十分普遍，集体合同的内容多为上级统一规定的范本，没有本企业特定的协商内容，或避重就轻的将一些并不是职工关心的或非企业实际问题写入合同中。

（3）重签订轻履行。企业与工会并未充分认识到集体合同的意义，只把这一制度作为一项上级布置的任务和指标来完成，往往认为签订了合同、上报了数字就大功告成，对合同履行与否和是否解决了问题关心不够。

（4）合同中缺少较切实的条款。由于集体合同普遍没有规定较切实的条款，在签订集体合同，特别是履行集体合同时发生争议的现象极少出现，这说明了徒有其表的形式不足以引发矛盾和争议或不具备引发矛盾和争议的条件。

针对上述问题，可以从以下几个方面着手解决：

（1）保证工会在谈判中能够代表和维护职工的利益。职工谈判代表由职工选举产生，增强其代表性。企业工会聘请上级工会所派代表直接介入集体协商中，协助指导和监督企业的集体协商工作，以便合同内容具有针对性。

（2）明确集体协商谈判中企业方的责任。第一，对涉及劳动者切身利益的事项如工资、劳动条件等，企业必须与工会进行谈判，对工会提出的谈判要求必须给予回应，不得单方和私下决定或改变；第二，企业在谈判过程中必须向工会或职工代表提供有关企业经营情况的真实信息，并在集体协商谈判的全过程中承担向工会提供相关资料的责任；第三，明确规定违约责任，不仅规定违约行为，而且应该明确规定处罚的办法，包括处罚的量化标准、执行机构以及相关程序等。

（3）提高集体合同的针对性、实效性，把好监督检查关。一要以群众意见为重点。听取职工群众和干部对热点问题的呼声和对集体合同的意见，将其作为起草集体合同的重要依据；二要以合同文本为基础。着力细化、量化合同条款，如工资福利、劳动条件、劳动标准等；三要以解决问题为根本，最大限度维护好职工的具体利益；四要做好组织保证。成立集体协商领导小组，设立集体合同办公室和监督员，对各级集体合同履行情况进行监督；五要加强动态检查，对履行不力的责任主体发放“整改通知书”限期督促整改；六要坚持群众评价。职工代表在各级职代会对集体合同履行情况进行无记名投票表决，表决结果当场公布，并在下一次职代会上报告履行、整改、评价情况。

（4）主管部门要重视，工会组织要加大职工合法权益培训。首先应把工资集体协商、职工收入增长情况纳入对企业综合考核的重要内容；其次对企业法定代表人和协商代表进行工资集体协商政策和业务知识的培训；最后指导和督促企业建立工资集体协商制度，督促企业建立合法的分配制度，每年对工资协议和集体合同履行情况开展专项检查，根据协议（合同）双方目标责任和经济责任等进行考核和奖惩。

107 在工资集体协商工作中存在的问题有哪些？如何解决？

在工资集体协商工作中存在的问题很多，归纳起来有以下几个方面：

（1）协商主体地位不平等。在法律上，已经明确规定工会与企业在协商中是完全平等的关系，但在现实中却很难做到这一点。工会虽代表职工的意见，但是多数情况下，职工依然觉得受制于企业和老板，在这种思想的作用下就不能完全发挥出工会的作用，不能更好维护其他职工的利益，这就会导致在协商中出现问题，没有形成平等的关系。

（2）工会组织及相关的劳动法律不健全。当前工会的人员不足，加之缺乏相关的法律法规护航，大大减少了对企业的制约性。工资集体协商缺乏强制性的规定，使得企业在执行上并不是很重视，严重危害到了职工的利益。由于缺乏强制性，对企业缺少制约，在发生劳动纠纷时就缺少明确的规定作为仲裁的依据，导致劳动侵权纠纷通常很难化解。

（3）工资集体协商维权意识薄弱。在实际中，工资协议的内容往往不能充分保证职工的利益，内容条款多是程式化的，原则性的内容居多，加之工会与企业不平等的协商地位也导致了工资协议的不平等性。《劳动法》中对于维权职能这一方面做了充分说明，但是在执行方面，却还没有显示出它应有的效果。由于监督做得不够，在工资集体合同存在争议时，劳动组织只能通过提意见让企业纠正问题，解决问题的效果不佳。

（4）缺少科学理论的支持。在现实中，工资这一问题受多种因素影响，较为复杂。但在协商影响工资的因素时，又缺乏科学的理论为依据，显得无能为力。加之个别企业提供的经济数据不完整，使工会不能正确地进行分析，也导致工资集体协商中的一些内容脱离实际。

总结起来，解决工资集体协商的措施，重点有以下几个方面：

（1）提高相关法律的约束力及权威性。要制定和完善与其相关的法律法规，加强对企业的约束力，并对每一条法规进行细化，以及作出明确的解释说明。比如对不重视甚至忽略这一制度的企业要予以批评及相关教育，严重者应承担相应的法律责任，要充分地体现出法律的威慑力和强制性。

（2）进一步提高工会的核心主导地位。强化工会在工资集体协商中的权威性以及独立性。比如建立带有中国特色的劳动关系机制，要重视和强化政府、企业、职工三者之间的协调性，同时加强对一些问题的预防以及监督，使职工的合法权益得到保障。

（3）加大宣传力度，完善诉讼维权措施。需要加强对工资集体协商这一制度的知识普及，以及大力宣传协商文化，让职工对其有基础性的了解，最重要的是能够维护自己的合法利益。企业的管理者也需要对工资专项集体合同的制定有充分的了解，这样才能构建和谐的劳动关系，从而保证企业的人力资源，为企业的长期发展打下坚实的基础。

108 行业性集体协商与区域性集体协商的差异与联系是什么？

（1）从适用条件来看，区域性集体协商一般适合在企业规模较小、工会组织规范化程度低且企业的行业差异较大的民营经济区（县）域内推行，在比较集中的乡镇、街道、社区和工业园区（经济技术开发区、高新技术产业园区）开展。行业性集体协商同样适用于规模小的企业，但当企业的产品或服务的同质性较高时，即行业特征明显，则适合重点推行行业性集体协商。

（2）从区域范围来看，《劳动合同法》明确规定，区域性和行业性集体合同在县级以下区域内推行。但在实践中两者存在差异。由于企业性质差异、各行业劳动者需求不同等，在一个较大区域内协商签订集体合同往往比较困难，即使签订集体合同也往往因为缺少针对性而难以实施，因此一般是在镇、乡、村、屯范围内推行区域性集体协商。行业性集体协商以行业共同性为基础，在区域适用范围上约束较小，全国总工会在《关于积极开展行业性工资集体协商工作的指导意见》中明确提出“有条件的地方也可以从实际出发，探索在县（区）及以上开展行业性工资集体协商工作”，根据这一指示精神，近年来，一些地方行业集体协商在地级市甚至省级层面实现了突破。

（3）从协商内容与标准来看，区域性集体协商重点内容是制定本区域内职工最低工资标准，维护区域内劳动关系的稳定，促进区域整体经济可持续发展。行业性集体协商由于同行业内的企业在企业利润、工资水平、职业安全、劳动者素质等方面有共同性，普遍把劳动定额、工时工价作为集体协商的重点内容，同时把涉及劳动者权益的事项尽可能纳入协商范围，制定有针对性的具体的行业共同标准，防止同行业企业的恶性竞争，维护行业劳动关系稳定，促进行业内所有企业实现健康有序的可持续发展。

（4）从合同效力来看，区域性集体协商订立的集体合同对协商订立该合同的劳动者代表（工会）和企业代表具有约束力，同样也对本区域内所有劳动者和所有用人单位具有约束力。行业性集体协商订立的集体合同具有约束协商订立集体合同的劳动者代表（工会）和企业代表的效力，而且具有约束本行业的所有劳动者和所有企业的效力。

（5）从两者联系来看，区域性集体协商确定底线，行业性集体协商确定标准。在实践中，应在充分研究区域内行业企业的用工特点基础上，用区域带动行业，用行业支撑区域，以行业落实区域协商结果。行业性集体合同中对工资标准和工资增长幅度的规定不得低于该集体合同所在区域的区域性集体合同的相关规定。

109 开展工资集体协商与企业自主分配矛盾吗？

有人认为，开展工资集体协商与企业自主分配两者是矛盾的，它影响了企业的积极性也制约了企业的发展，这是完全错误的。

在社会主义市场经济条件下，只要企业不违背国家法律法规的强制性规定，企业在确定劳动者工资报酬及其增长幅度时享有充分的自主权，这是企业作为独立经济运营主体享有的权利。但是，企业自主分配并不等同于企业所有者和经营者自主分配。现实中存在着“我的企业我说了算，凭什么协商确定工资”的认识误区。实际上，这是一些企业所有者和经营者错误的把企业自主分配等同于企业所有者自主分配。

企业是由资本和劳动力共同组成的，劳动者投入的劳动和企业所有者投入的资本共同创造了企业财富。换句话说，也只有工资与劳动生产率同步增长，才能保持劳动力供给的持续稳定提升，从而激发职工的劳动热情和创新活力，引导职工和企业所有者进行人力资本投资。在实现经济发展目标的同时，只有劳动生产率不断提高，企业才能在竞争中得以发展，进而创造更多的就业岗位，保证职工工资的不断增长。也只有劳资双方利益基本均衡，各得其所，互利共赢，企业才能得以可持续健康稳定发展。

综上所述，企业自主分配和劳动关系双方协商确定劳动者工资水平，是一个有机统一的整体，不能片面的将两者对立起来。在企业自主分配的基础上，必须采取集体协商的方法确定职工工资报酬及其增长幅度。

110 集体协商或集体合同履行中发生争议该如何处理?

实践中，在集体协商过程中容易发生如下争议：一是一方当事人无正当理由拒绝进行集体协商；二是以种种理由拖延，迟迟不启动实质性协商；三是已经开始进行集体协商，但双方不能达成一致意见。

当发生上述争议时，处理方法大致有三个：一是职工一方可以提请上级工会，企业一方可以提请企业方面代表进行指导；二是经指导仍未能达成一致的，集体协商的任何一方均可以提请人力资源和社会保障部门协调处理；三是集体协商双方均未提请协调处理的，人力资源和社会保障部门认为必要时，也可以主动介入进行协调处理。

如果在履行集体合同过程中发生争议，可以由双方当事人协商解决。如果协商不成或者一方不愿意协商，当事人一方或者双方可以向人力资源和社会保障部门提出协商处理申请。未提出申请的，人力资源和社会保障部门认为必要时，可以组织同级工会和企业组织方面的人员进行协调处理。对于协商不成的，工会可以依据相关的法律法规提起劳动争议仲裁。对劳动争议仲裁委员会的裁决不服的，可以向人民法院提起诉讼。

111 经营困难的企业有必要开展工资集体协商吗？

工资集体协商是职工协商代表与企业代表就企业内部工资分配制度、工资分配形式、工资收入水平等事项进行平等协商，在协商一致的基础上签订工资专项集体协议的行为。不以企业经营好坏为前提条件，生产经营困难的企业也要开展工资集体协商。生产经营不景气的企业，要重点通过工资集体协商努力稳定工作岗位，并就工资支付办法、最低工资、社会保险、下岗（待岗）职工基本生活保障等进行协商，建立工资支付保障机制，保证职工获得基本劳动报酬的权益。

同时，要走出“工资协商就是涨工资”的认识误区，进一步明确工资集体协商的本质是建立关于工资分配的协商机制。工资集体协商要做到在维护劳动者报酬权益的同时，保证企业的可持续发展；在维护劳动者当前利益的同时，着眼劳动者的长远利益。根据企业发展状况，工资集体协商既可以协商职工工资增长幅度，也可以在企业遇到困难时使员工与企业共渡难关，协商下调职工工资水平。

综上，我们可以得出，无论是在企业经营发展良好的情况下，抑或是在企业生产经营困难的情况下，开展工资集体协商都是很有必要的，工资集体协商就是为了实现劳资互利双赢，共建和谐劳动关系。

112 在集体合同解除过程中应注意的问题是什么?

在集体合同解除过程中，有两个问题值得注意：一是从企业一方来说，签订集体合同的企业被兼并后，集体合同是否自动解除？二是从劳动者一方来说，劳动者个人是否有权同企业协商解除集体合同？

首先，在一般情况下，如果仅仅因为企业的生产经营出现临时性困难，例如企业的部分经营被兼并，企业就不得以此为借口终止集体合同。如果企业被整体兼并，后续企业是否可以解除集体合同？答案是否定的。虽然作为集体合同的当事人有所调整，但是鉴于企业的经营是整体转移的，其实质的合同内容并未受兼并后的影响，后续企业仍负有继续履行集体合同的义务，不得任意解除集体合同。

其次，就劳动者个人来说，劳动者可以就自己的劳动合同与用人单位协商解除，但因为集体合同涉及全体劳动者，单个劳动者无权和用人单位单独协商终止集体合同。一般来说，集体合同是由工会代表劳动者全体同用人单位签订的，其效力约束全体劳动者，如果允许劳动者个人就自己的合同有协商解除权，那么将违背集体合同签订的主体规定。既然劳动者个人无权签订集体合同，同样，其也不具有解除集体合同的权利。

在明确了集体合同解除的限制条件后，如确实发生不可抗力等原因，使集体合同无法继续履行，那么当事人双方就应当协商解除集体合同。集体合同一经解除，就意味着集体合同的双方当事人的权利和义务重新进入了一个新的状态，双方不再负有彼此的合同约定义务，集体合同的约束力也将随之终止。因集体合同解除所产生的劳动争议，同样可以采取协商、调解、仲裁和诉讼等途径寻求解决。

113 如何处理企业制定关于工资分配的规章制度与开展工资集体协商的关系？

企业规章制度所涉及的应是企业经营管理的方方面面，并不仅仅是劳动规章制度。企业规章制度是企业从有利于经营管理的角度来制定的，相对比较原则、固化。集体合同与工资集体协议则是劳动关系双方通过集体协商共决的结果，其效力高于企业规章制度。

《劳动合同法》第四条第二款明确规定："用人单位在制定、修改或者决定有关劳动报酬、工作时间、休息休假、劳动安全卫生、保险福利、职工培训、劳动纪律以及劳动定额管理等直接涉及劳动者切身利益的规章制度或者重大事项时，应当经职工代表大会或者全体职工讨论，提出方案和意见，与工会或者职工代表平等协商确定。"这为我们处理用人单位制定有关劳动报酬的规章制度与开展工资集体协商的关系指明了方向。

114 开展工资集体协商会促进企业发展吗?

有的人认为开展工资集体协商会影响企业的发展，这是错误的。实践证明，开展工资集体协商，不但不会给企业发展带来负面影响，反而有利于企业科学发展，这主要体现在以下几个方面。

（1）开展工资集体协商，使职工的积极性、主动性、创造性得到发挥。建立有效的协商沟通机制，职工利益诉求得到实现，职工的工作积极性、主动性、创造性得到充分发挥，从而使企业获得经营发展的动力源泉，提高企业劳动生产率。

（2）开展工资集体协商，稳定了职工队伍，可以促进企业的持续发展。建立工资集体协商制度，使职工对未来收入有了良好预期，稳定了队伍，留住了人才，降低了员工流失率，为企业的可持续发展奠定了人力资源基础。

（3）开展工资集体协商，化解了因工资问题产生劳动关系矛盾的隐患。开展工资集体协商，推动建立工资协商共决机制，企业和职工通过平等协商、互商互谅、达成协议等方式，化解了因工资问题产生劳动关系矛盾的隐患，促进了企业劳动关系和谐，有利于企业的稳定发展。

115 受不可抗力影响，企业出现困难，集体协议有条款无法履行，企业能否单方变更?

根据原劳动和社会保障部《集体合同规定》《工资集体协商试行办法》等规定，集体合同在履行过程中，因不可抗力或集体合同约定的变更条件出现，企业方可以提出变更的要求，经双方协商一致后可以变更集体合同，但要注意三点：一是在提出变更要求时，应当向对方提供条款无法履行的相关证据和理由；二是拟变更的条款，经集体协商会商定后，提交职代会（职工大会）审议通过；三是由双方首席代表签订书面变更协议，依法报当地人力社保部门审查备案后，向全体职工公布实施。

116 开展集体协商的双方协商代表是怎样产生的?疫情等不可抗力情况下是否必须通过线下职代会或职工大会的方式确定职工方协商代表?

《集体合同规定》第二十条规定，职工一方的协商代表由本单位工会选派。未建立工会的，由本单位职工民主推荐，并经本单位半数以上职工同意。职工一方的首席代表由本单位工会主席担任。工会主席可以书面委托其他协商代表代理首席代表。工会主席空缺的，首席代表由工会主要负责人担任。未建立工会的，职工一方的首席代表从协商代表中民主推举产生。第二十一条规定，用人单位一方的协商代表，由用人单位法定代表人指派，首席代表由单位法定代表人担任或由其书面委托的其他管理人员担任。《劳动合同法》第五十一条规定，集体合同草案应当提交职工代表大会或者全体职工讨论通过。

随着信息技术的发展与智能工会系统的建立和不断完善，目前，已经具备了通过线上或线上线下结合方式召开职工代表大会开展民主选举和民主评议的条件。在疫情等不可抗力因素影响下，召开职代会或职工大会确有困难又必须履行法定程序的，可以利用视频会议等方式灵活处理，也可以通过网络投票或电子邮件等信息化方式完成民主程序并公示。企业方协商代表因疫情无法提供书面授权的，也可以采取视频授权等形式灵活处理。

117 如何做好“三新”企业的集体协商工作？

以新技术、新产业、新业态为代表的“三新”企业是新时代社会主义市场经济中的新生力量。“三新”企业为社会创造了大量就业岗位，为劳动者提高收入提供了便利，但在劳动关系领域也呈现出与传统企业不同的特点，以“互联网”为核心，凸显信息的价值和作用，以“创新”为第一动力，凸显技术和智力的地位。与此同时，这些企业也因工作地点、工作时间、用工关系弹性化等特征，给传统劳动关系和社会保障带来了新课题，给集体协商工作的开展带来了新挑战。对于“三新”企业，工会要不断完善与企业的定期沟通机制，通过增设劳资联络会、组建专项小组等方式，按照区域化、网格化的管理模式，深入了解职工诉求，为企业与职工搭建有效沟通桥梁。要重点落实好以下六个举措，大力推进“三新”企业集体协商工作：一是注意形成人社、工会、工商联、企联劳动关系三方四家工作合力，推进集体协商工作迈上新台阶；二是落实好集体协商要约行动。工会要主动向没有建立、拒绝建立集体协商制度的企业发出协商要约，及时启动协商程序。对拒绝或者变相拒绝要约、不按期响应要约等违法行为，要积极探索通过以“上代下”行使要约权利，下达“整改建议书”以及提请劳动部门督促整改；三是打造一系列推进集体协商提质增效亮点。要重点关注快递、网约车、网约配送等“三新”领域重点企业和平台，探索推进集体协商新模式、新方法；四是健全多形式多层级劳资沟通协商机制。要重点抓好在近年来经常发生群体劳资纠纷的企业、职工人数 100 人以上的非公有制企业、面临关停并转迁等关键节点可能影响职工权益的企业中开展多形式、多层级沟通协商的工作；五是建好配齐专职指导员，加强对集体协商职工方代表的培训，以赛代训办好集体协商竞赛，进一步推进集体协商人才队伍建设；六是选出企业集体协商典型，探索行业集体协商融入和谐企业创建工作的新模式。

“三新”企业集体协商要因地制宜、因业制宜，在协商形式有新变化、协商程序有新做法以及协商内容有新亮点等方面呈现出与以往传统工资集体协商不同的特点。各级工会要依据原劳动和社会保障部《集体合同条例》《企业工资集体协商条例》的规定，规范“三新”企业集体协商程序。要高度重视职工权益的维护工作，要从抓组建、抓机制、抓宣传等方面扎实做好推进工作，通过帮助“三新”企业建立健全平等协商和集体合同机制，协调劳动关系，维护企业职工劳动权益。

118 如何进一步完善全方位、多层次的集体协商工作推进体系?

当前，集体协商还存在许多问题，提升工作质量和水平是当务之急。必须在完善全方位、多层次集体协商工作推进体系上下功夫。

第一，各级工会应当在抓好企业集体协商的同时，大力推进行业、区域集体协商，推动形成“区域谈底线、行业谈标准、企业谈增长”的层次分明、协调配套的集体协商工作推进体系，应当以非公有制中小企业、劳动密集型企业集中的地区为重点，把行业集体协商作为当前开展集体协商的重点形式和主攻方向来抓，逐步实现县级以下区域内基础扎实、条件成熟的行业普遍建立集体协商制度的局面。

第二，逐步破解阻碍行业协商深化发展的主体不健全、分类不细致、内容不具体、效力不明显、履约不到位等突出问题，特别是应当针对行业集体协商主体缺位的突出问题，进一步加强行业工会组织建设，积极推动行业协会的建设步伐。

第三，把行业最低工资标准、行业工资调整幅度、行业劳动定额标准、行业工资支付办法等职工普遍关心的问题作为行业协商的核心内容。

第四，根据不同工种、不同岗位，分类协商确定工资分配制度、岗位工资基数、岗位工资系数等标准，同时根据行业内企业的实际情况，将协商内容逐步向劳动条件、职业技能培训、职工参与企业二次分配等方面延伸。

第五，应当积极提倡行业内规模以上企业在行业集体协商的基础上，按照定额标准不高于、工价标准不低于行业工资集体合同约定的原则，开展内容更具针对性的二次协商。在试点探索的基础上，通过调查研究、科学测算、试点验证等方式，积极探索制定公平合理、能够在行业内普遍适用的劳动定额标准并及时进行调整，逐步推动建立统一、权威的行业劳动定额标准测算、发布和管理制度。

119 如何通过集体协商竞赛培养职工自己的“谈判专家”？

集体协商是一项政策性、专业性很强的工作，要求从事这项工作的人员必须了解政策、熟悉法律、精通业务，具有较高的协商谈判能力。随着集体协商工作向纵深发展，工会集体协商人员数量和专业水平被赋予了更高要求。为此，工会开展集体协商竞赛，着力培养一批职工自己的集体协商“谈判专家”势在必行。

建立完善职工利益诉求表达机制，促进解决职工关心的问题，是加强基层协商民主、构建和谐劳动关系的重要内容，也是加强新时代社会治理的重要举措。通过举办集体协商竞赛，可以充分调动各级工会干部推进集体协商工作的热情，进一步加强集体协商人才队伍的建设，促进集体协商工作提质增效，在维护职工合法权益、构建和谐劳动关系、推动经济社会发展中彰显积极作用。通过竞赛，不仅可以检阅集体协商骨干队伍的能力水平，更扩大了集体协商工作的影响力，营造了关心支持这一良好的工作氛围，从而提升社会各界对集体协商工作的知晓率和认同感。

120 工会组织如何推动新就业形态平台组织开展集体协商，维护新就业形态劳动者合法权益？

2021 年 7 月，人力资源和社会保障部、国家发展改革委、交通运输部等国家八部门联合印发《关于维护新就业形态劳动者劳动保障权益的指导意见》，明确各级工会组织要监督企业履行用工责任，维护好劳动者权益。积极与行业协会、头部企业或企业代表组织开展协商，签订行业集体合同或协议，推动制定行业劳动标准。2021 年 8 月，全国总工会印发《中华全国总工会关于切实维护新就业形态劳动者劳动保障权益的意见》，指出发挥产业工会作用，积极与行业协会、头部企业或企业代表组织就行业计件单价、订单分配、抽成比例、劳动定额、报酬支付办法、进入退出平台规则、工作时间、休息休假、劳动保护、奖惩制度等开展协商，维护新就业形态劳动者的劳动经济权益。

工会组织可以利用自身职责和权利，积极推动建立健全新就业形态劳动者维权协商和保障机制。

一是通过职工代表大会、恳谈会等民主管理方式，听取新就业形态劳动者的意见诉求，保障他们的知情权、参与权、表达权、监督权；健全民主管理制度，提高新就业形态劳动者在职工代表中的比例，为实现他们的民主政治权利提供制度保障。

二是工会代表或组织劳动者与行业协会、头部平台企业或企业代表组织开展协商，推动制定新就业形态劳动者的劳动定额基准，拓展集体协商的范围和内容；抓实工资集体协商培训工作，将工资协商指导员、职工代表作为重点培训对象，提高履职能力，切实维护新就业形态劳动者劳动经济权益；指导企业建立健全新就业形态劳动者申诉制度，保障新就业形态劳动者的诉求得到及时回应和公正处理。

三是工会可以督促平台企业履行用工责任，与劳动者签订劳动合同或书面协议；督促平台企业在制定或调整涉及劳动者切身利益的制度或重大事项时，充分听取工会或劳动者代表的意见建议，将结果公示并告知劳动者；禁止平台将“最严算法”作为考核要求。

四是工会组织要积极参与立法机关的立法调研，在相关立法过程中提出意见和建议；创新劳动法律监督方式，在综合运用劳动用工法律风险体检、“一函两书”、劳动用工监督评估等经验做法的基础上，破解制约监督工作高质量发展的制度性障碍，创新监督方式，提升监督实效。

五是各级工会可以推动“工会+人社+法院+司法行政”四方联动维权机制建立，升级诉调对接与合作机制；优化与律师事务所、社会组织等法律援助机构的合作机制，择优聘请法律援助律师担任调解员，对符合条件的新就业形态劳动者实现应援尽援。

JI TI XIE SHANG JI TI HE TONG
GONG ZUO ZI CE TI

第八部分

集体协商集体合同工作自测题

一、单项选择题（共 40 题，每题 2 分，每题只有一个正确答案）

1. 集体协商是指（ ）通过（ ）的组织（工会）或代表与相应的用人单位或其联合组织，为调整劳动关系、确定劳动条件和劳动标准，以及签订集体合同进行协商的行为。

A. 职工，自己　　B. 自己，职工

C. 个人，单位　　D. 劳动部门，上级

2. 企业工会应当与企业建立平等协商制度，（ ）就涉及职工合法权益等事项进行平等协商。

A. 每半年　　B. 每年

C. 定期或不定期　　D. 不定期

3. 集体合同也称团体协约，是集体协商双方代表之间签订的关于劳动条件、劳动标准及（ ）问题的书面协议。

A. 劳动时间　　B. 劳动过程

C. 劳动报酬　　D. 劳动关系

4. 集体协商是劳动关系双方就彼此之间的（ ）及双方关注的相关事宜进行沟通、交涉、协调和共决的过程，也是订立集体合同的法定必经程序和实现方式。

A. 利益　　B. 权益

C. 协作　　D. 合作

5. 职工工资收入分配是集体合同的（ ），开展工资集体协商是集体协商、签订集体合同的重要组成部分。

A. 全部内容　　　　　　B. 部分内容

C. 核心内容　　　　　　D. 必要内容

6. 一般而言，劳动合同关于劳动者权益的规定（　）集体合同的标准。对于劳动合同没有规定或者规定不详的事项，集体合同具有（　）功能。

A. 不得高于，补充　　　　B. 不得低于，补充

C. 不得高于，强制　　　　D. 不得低于，强制

7. 工资集体协商的结果既可以形成工资专项集体合同，也可以作为集体合同的一个组成部分或附件，与集体合同具有同等的（　）。

A. 约束效力　　　　　　B. 法律效力

C. 强制效力　　　　　　D. 执行效力

8. 劳动关系双方都应公正对待对方当事人依法享有的（　）及利益主张，双方都不应采取回避、拒绝或歧视的态度。

A. 权利义务　　　　　　B. 正当要求

C. 表达诉求　　　　　　D. 平等地位

9. 开展集体协商，必须始终立足于兼顾劳动关系双方正当合法权益，将企业（　）与职工的具体利益相结合，谋求与实现劳动关系双方权益的共赢，达到促进企业发展、维护职工权益的目的。

A. 公共利益　　　　　　B. 长远发展

C. 发展计划　　　　　　D. 制度要求

10. 劳动关系双方在协商及合同履行过程中，应当采取（　）的态度，在法律范围内调处争议，把表达利益诉求控制在

理性、有序的范围之内。

A. 团结与协作　　B. 积极与认真

C. 求同存异　　D. 理智和克制

11. 各级工会通过源头参与，推动有关工资集体协商（　）的制定，为工资集体协商提供法律、政策保障。

A. 集体合同　　B. 劳动协议

C. 法律、政策　　D. 程序规范

12. 政府人力资源和社会保障部门，承担劳动保障行政管理职责，要发挥在推进集体协商机制建设中的（　）作用。

A. 协调　　B. 主导

C. 管理　　D. 领导

13. 职工群众的合法权益是在劳动关系建立和发展变化的过程中形成和实现的，这要求（　）必须始终依法参与劳动关系的调整，在这个过程中去实现对职工群众利益的代表和维护。

A. 工会　　B. 政府

C. 劳动部门　　D. 上级管理部门

14.《劳动合同法》中第五十一条第二款明确规定，集体合同应由工会代表企业职工一方与用人单位订立；尚未建立工会的用人单位，由（　）指导劳动者推举的代表与用人单位订立。

A. 用人单位　　B. 上级工会

C. 劳动部门　　D. 上级党组织

15.《集体合同规定》指出，（　）是指按照法定程序产生并有权代表本方利益进行集体协商的人员。

A. 工会负责人　　B. 集体协商代表

C. 工资集体协商指导员　　D. 职工代表

16.《集体合同规定》要求，集体协商代表应依照法定程序产生，双方的代表人数应当对等，每方至少（　）。

A. 5 人　　B. 4 人

C. 3 人　　D. 2 人

17.《集体合同规定》要求，职工一方的集体协商代表由本单位工会选派。未建立工会的，由本单位职工民主推荐，并经本单位（　）职工同意。

A. 三分之一　　B. 半数以上

C. 五分之四　　D. 全体职工

18. 集体协商双方根据实际需要，可以聘请本企业以外的专业人员担任本方协商代表，但其人数不得超过本方协商代表人数的（　）。

A. 三分之一　　B. 二分之一

C. 五分之三　　D. 四分之一

19.《工资集体协商试行办法》和 2004 年颁布的《集体合同规定》规定，职工方协商代表在其履行协商代表职责期间劳动合同期满的，劳动合同期限（　）至完成履行协商代表职责之时。除个人严重过失外，用人单位不得与其解除劳动合同。

A. 可以延长　　B. 不能延长

C. 经有关部门同意延长　　D. 自动延长

20. 根据《劳动合同法》第五十四条规定，行业性、区域性集体合同对（　）的用人单位和劳动者具有约束力。

A. 当地本行业、本区域

B. 外地本行业、本区域

C. 外地本行业、其他区域

D. 本区域、其他行业

21. 在区域性、行业性集体协商中，上级工会应发挥观察指导作用、委托参与作用和（　）。

A. 协调管理作用　　B. 调处争议作用

C. 参谋助手作用　　D. 示范引领作用

22. 集体合同或专项集体合同期限一般为 1 至 3 年，工资专项集体合同期限一般是（　）。

A. 4 年　　B. 3 年

C. 2 年　　D. 1 年

23. 所谓集体合同的履行，就是指在集体合同依法签订后，双方当事人按照集体合同约定的（　），认真全面地完成集体合同所规定的各项义务。

A. 各项条款　　B. 要求标准

C. 时间、地点和方法　　D. 相关内容

24. 《劳动合同法》第六十三条规定，被派遣劳动者享有与用工单位的劳动者同工同酬的权利。用工单位无同类岗位劳动者的，参照用工单位（　）劳动者的劳动报酬确定。

A. 其他

B. 所在地相同或者相近岗位

C. 规定的

D. 在外地相同岗位

25. 集体协商要约是集体协商任何一方依法就签订集体合

同或专项集体合同以及相关事宜，（　）向对方提出进行集体协商要求的行为。

A. 主动　　B. 以口头方式

C. 由协商代表　　D. 以书面形式

26. 一方提出集体协商要约后，另一方应于（　）内予以书面答复。同意协商的，双方应当约定协商开始的日期。拒绝集体协商的，应当有充足的理由。

A.20 日　　B.15 日

C.10 日　　D.7 日

27. 确定劳动定额应当按照“法定工作时间内、正常劳动条件下，（　）职工能够完成且不低于当地最低工资水平”的原则来确定。

A.90% 以上　　B.95% 以上

C.85% 以上　　D.80% 以上

28. 工资指导线是（　）下发的一种指导性指标，号召各企业参照执行。

A. 上级工会　　B. 政府

C. 行业协会　　D. 人力资源和社会保障部门

29. 试用期是用人单位和劳动者建立劳动关系后，为相互了解、选择而约定的不超过（　）的考察期。

A.12 个月　　B.6 个月

C.9 个月　　D.3 个月

30.《工资集体协商试行办法》规定，工资集体协商一般情况下（　）进行一次。所以，工资专项集体合同的期限一般也为（ ）。

A. 每年，一年　　B. 每两年，两年

C. 每半年，半年　　D. 每三年，三年

31.《集体合同规定》第四条规定，用人单位与本单位职工签订集体合同或专项集体合同，以及确定相关事宜，应当采取（ ）的方式。

A. 诉诸法律　　B. 集体协商

C. 书面沟通　　D. 组织协调

32. 集体合同生效后，协商双方还应做好几个方面的工作：一是及时向职工公布，二是认真履行兑现，三是（ ）。

A. 做好履行情况说明　　B. 加强动态管理

C. 向对方反映履行情况　　D. 及时与对方沟通情况

33. 集体合同监督检查的内容主要有三个方面：一是集体合同和专项集体协议的执行情况；二是企业方和职工方权利的运用与义务的履行情况；三是有关集体合同（ ）以及争议处理、法律责任的执行情况。

A. 拟定、变更、解除　　B. 变更、解除、终止

C. 签订、变更、终止　　D. 未尽事宜商洽

34. 集体合同或专项集体合同签订或变更后，应当自双方首席代表签字之日起（ ）内，由用人单位一方将文本一式三份报送劳动保障行政部门审查。

A. 20 日　　B. 15 日

C. 10 日　　D. 7 日

35. 工资集体协商指导员，在本书中特指由（ ）领导、

聘用和管理，负责指导、帮助和参与基层工会代表职工与企业方或企业代表组织进行工资集体协商、签订工资专项集体合同的人员。

A. 企业党组织　　B. 工会组织

C. 纪检监察机关　　D. 地方政府

36. 专职集体协商指导员与以往的兼职集体协商指导员相比，专职集体协商指导员最大的特点是其专职化、（　），能够更加全面主动地开展集体协商相关工作，推动集体协商工作的质量水平不断提高。

A. 责任性、独立性　　B. 敬业精神强

C. 专业性、独立性　　D. 有丰富的实践经验

37. 集体协商的质效评估程序是集体协商质效评估的重要一环，也是集体协商质效评估质量的重要保障。确保集体协商质效评估程序的（　）是保证集体协商质效评估科学、规范、高效的关键环节。

A. 独立性　　B. 周密性

C. 专业性　　D. 科学性

38. 开展集体协商质效评估，必须坚持客观公正、科学合理和（　）的原则。

A. 联系实际　　B. 注重实践

C. 注重实效　　D. 群众路线

39. 在进行集体协商质效评估时，一定要尊重（　）的意见，确保评估结果的真实、客观、可接受度高，凝聚共识，协同完成集体协商质效评估工作。

A. 企业　　B. 职工

C. 工会　　D. 领导

40. 以新技术、新产业、（　）为代表的“三新”企业是当代经济中的新生力量。

A. 新业态　　B. 新品种

C. 新能源　　D. 新动能

二、多项选择题（共 10 题，每题至少有两个正确选项，全选对的得 2 分，多选、少选、错选均不得分）

1. 根据原劳动和社会保障部 2004 年颁布的《集体合同规定》，开展集体协商应当遵循的原则是（　）。

A. 遵守法律、法规、规章以及国家有关规定

B. 做到相互尊重、平等协商，诚实守信、公平合作

C. 兼顾双方合法权益

D. 任何一方都不得采取过激行为

2. 我国的法律法规和行政规章对集体合同制度有规定的有（　）。

A. 法律　　B. 法规

C. 部颁行政规章　　D. 地方性法规和规章

3. 通常来说，集体协商代表的确定原则有（　）。

A. 适合原则　　B. 结构原则

C. 精干原则　　D. 对应原则

4. 一般来说，在条文式和表格式两大类书面合同中，工资专项集体合同常常采用条文式。它包括（　）几个部分。

A. 名称　　　　　　B. 序言

C. 正文　　　　　　D. 结尾

5.《劳动合同法实施条例》第十五条规定：劳动者在试用期的工资不得低于（　）。

A. 本单位相同岗位最低档工资的 80%

B. 或者不得低于劳动合同约定工资的 80%

C. 并不得低于用人单位所在地的最低工资标准

D. 以及当地工资指导线的标准

6. 根据国家相关规定，劳动者的下列（　）收入不包含在最低工资范围内。

A. 依法缴纳的社会保险费和住房公积金

B. 延长工作时间的加班费，中夜班津贴，夏季高温津贴

C. 有毒有害等特殊工作环境下的岗位津贴

D. 伙食补贴，上下班交通补贴，住房补贴

7. 确定劳动定额一般有哪几种方法（　）？

A. 经验估工法　　　　　　B. 统计分析法

C. 类推比较法　　　　　　D. 技术定额法

8. 工会在工资集体协商中的重要地位，总的来看主要体现在哪几个方面（　）？

A. 主体代表性　　　　　　B. 不可替代性

C. 领导独立性　　　　　　D. 广泛指导性

9. 我国集体合同的签订，通常情况下需要（　）几个阶段。

A. 集体协商的准备阶段

B. 集体协商的沟通阶段

C. 集体协商的正式协商阶段

D. 集体协商的签字阶段

10. 集体协商是一项政策性、专业性很强的工作，要求从事这项工作的人员必须（　），具有较高的协商谈判能力。

A. 见多识广　　B. 了解政策

C. 熟悉法律　　D. 精通业务

测试题参考答案

一、单项选择题（共40题，每题2分，每题只有一个正确答案）

1. A	2. C	3. D	4. B
5. C	6. B	7. B	8. D
9. B	10. D	11. C	12. B
13. A	14. B	15. B	16. C
17. B	18. A	19. D	20. A
21. B	22. D	23. C	24. B
25. D	26. A	27. A	28. B
29. B	30. A	31. B	32. B
33. B	34. C	35. B	36. C
37. D	38. C	39. B	40. A

二、多项选择题（共10题，每题至少有两个正确选项，全选对的得2分，多选、少选、错选均不得分）

1. ABCD	2. ACD	3. ABCD	4. ABCD
5. ABC	6. ABCD	7. ABCD	8. ABD
9. ACD	10. BCD		

FU LU

附　录

工资集体协商试行办法

（2000年11月8日中华人民共和国劳动和社会保障部令第9号公布）

第一章 总 则

第一条 为规范工资集体协商和签订工资集体协议（以下简称工资协议）的行为，保障劳动关系双方的合法权益，促进劳动关系的和谐稳定，依据《中华人民共和国劳动法》和国家有关规定，制定本办法。

第二条 中华人民共和国境内的企业依法开展工资集体协商，签订工资协议，适用本办法。

第三条 本办法所称工资集体协商，是指职工代表与企业代表依法就企业内部工资分配制度、工资分配形式、工资收入水平等事项进行平等协商，在协商一致的基础上签订工资协议的行为。

本办法所称工资协议，是指专门就工资事项签订的专项集体合同。已订立集体合同的，工资协议作为集体合同的附件，并与集体合同具有同等效力。

第四条 依法订立的工资协议对企业和职工双方具有同等约束力。双方必须全面履行工资协议规定的义务，任何一方不得擅自变更或解除工资协议。

第五条 职工个人与企业订立的劳动合同中关于工资报酬的标准，不得低于工资协议规定的最低标准。

第六条 县级以上劳动保障行政部门依法对工资协议进行审查，对协议的履行情况进行监督检查。

第二章 工资集体协商内容

第七条 工资集体协商一般包括以下内容：

（一）工资协议的期限；

（二）工资分配制度、工资标准和工资分配形式；

（三）职工年度平均工资水平及其调整幅度；

（四）奖金、津贴、补贴等分配办法；

（五）工资支付办法；

（六）变更、解除工资协议的程序；

（七）工资协议的终止条件；

（八）工资协议的违约责任；

（九）双方认为应当协商约定的其他事项。

第八条 协商确定职工年度工资水平应符合国家有关工资分配的宏观调控政策，并综合参考下列因素：

（一）地区、行业、企业的人工成本水平；

（二）地区、行业的职工平均工资水平；

（三）当地政府发布的工资指导线、劳动力市场工资指导价位；

（四）本地区城镇居民消费价格指数；

（五）企业劳动生产率和经济效益；

（六）国有资产保值增值；

（七）上年度企业职工工资总额和职工平均工资水平；

（八）其他与工资集体协商有关的情况。

第三章 工资集体协商代表

第九条 工资集体协商代表应依照法定程序产生。职工一方由工会代表。未建工会的企业由职工民主推举代表，并得到半数以上职工的同意。企业代表由法定代表人和法定代表人指定的其他人员担任。

第十条 协商双方各确定一名首席代表。职工首席代表应当由工会主席担任，工会主席可以书面委托其他人员作为自己的代理人；未成立工会的，由职工集体协商代表推举。企业首席代表应当由法定代表人担任，法定代表人可以书面委托其他管理人员作为自己的代理人。

第十一条 协商双方的首席代表在工资集体协商期间轮流担任协商会议执行主席。协商会议执行主席的主要职责是负责工资集体协商有关组织协调工作，并对协商过程中发生的问题提出处理建议。

第十二条 协商双方可书面委托本企业以外的专业人士作为本方协商代表。委托人数不得超过本方代表的 1/3。

第十三条 协商双方享有平等的建议权、否决权和陈述权。

第十四条 由企业内部产生的协商代表参加工资集体协商的活动应视为提供正常劳动，享受的工资、奖金、津贴、补贴、保险福利待遇不变。其中，职工协商代表的合法权益受法律保护。企业不得对职工协商代表采取歧视性行为，不得违法解除或变更其劳动合同。

第十五条 协商代表应遵守双方确定的协商规则，履行代表职责，并负有保守企业商业秘密的责任。协商代表任何一方不得采取过激、威胁、收买、欺骗等行为。

第十六条 协商代表应了解和掌握工资分配的有关情况，广泛征求各方面的意见，接受本方人员对工资集体协商有关问题的质询。

第四章 工资集体协商程序

第十七条 职工和企业任何一方均可提出进行工资集体协商的要求。工资集体协商的提出方应向另一方提出书面的协商意向书，明确协商的时间、地点、内容等。另一方接到协商意向书后，应于 20 日内予以书面答复，并与提出方共同进行工资集体协商。

第十八条 在不违反有关法律、法规的前提下，协商双方有义务按照对方要求，在协商开始前 5 日内，提供与工资集体协商有关的真实情况和资料。

第十九条 工资协议草案应提交职工代表大会或职工大会讨论审议。

第二十条 工资集体协商双方达成一致意见后，由企业行政方制作工资协议文本。工资协议经双方首席代表签字盖章后成立。

第五章　工资协议审查

第二十一条　工资协议签订后，应于 7 日内由企业将工资协议一式三份及说明，报送劳动保障行政部门审查。

第二十二条　劳动保障行政部门应在收到工资协议 15 日内，对工资集体协商双方代表资格、工资协议的条款内容和签订程序等进行审查。

劳动保障行政部门经审查对工资协议无异议，应及时向协商双方送达《工资协议审查意见书》，工资协议即行生效。

劳动保障行政部门对工资协议有修改意见，应将修改意见在《工资协议审查意见书》中通知协商双方。双方应就修改意见及时协商，修改工资协议，并重新报送劳动保障行政部门。

工资协议向劳动保障行政部门报送经过 15 日后，协议双方未收到劳动保障行政部门的《工资协议审查意见书》，视为已经劳动保障行政部门同意，该工资协议即行生效。

第二十三条　协商双方应于 5 日内将已经生效的工资协议以适当形式向本方全体人员公布。

第二十四条　工资集体协商一般情况下一年进行一次。职工和企业双方均可在原工资协议期满前 60 日内，向对方书面提出协商意向书，进行下一轮的工资集体协商，做好新旧工资协议的相互衔接。

第六章　附　则

第二十五条　本办法对工资集体协商和工资协议的有关内

容未做规定的，按《集体合同规定》的有关规定执行。

第二十六条 本办法自发布之日起施行。

集体合同规定

（2004年1月20日中华人民共和国劳动和社会保障部令第22号公布）

第一章 总 则

第一条 为规范集体协商和签订集体合同行为，依法维护劳动者和用人单位的合法权益，根据《中华人民共和国劳动法》和《中华人民共和国工会法》，制定本规定。

第二条 中华人民共和国境内的企业和实行企业化管理的事业单位（以下统称用人单位）与本单位职工之间进行集体协商，签订集体合同，适用本规定。

第三条 本规定所称集体合同，是指用人单位与本单位职工根据法律、法规、规章的规定，就劳动报酬、工作时间、休息休假、劳动安全卫生、职业培训、保险福利等事项，通过集体协商签订的书面协议；所称专项集体合同，是指用人单位与本单位职工根据法律、法规、规章的规定，就集体协商的某项内容签订的专项书面协议。

第四条 用人单位与本单位职工签订集体合同或专项集体合同，以及确定相关事宜，应当采取集体协商的方式。集体协商主要采取协商会议的形式。

第五条　进行集体协商，签订集体合同或专项集体合同，应当遵循下列原则：

（一）遵守法律、法规、规章及国家有关规定；

（二）相互尊重，平等协商；

（三）诚实守信，公平合作；

（四）兼顾双方合法权益；

（五）不得采取过激行为。

第六条　符合本规定的集体合同或专项集体合同，对用人单位和本单位的全体职工具有法律约束力。

用人单位与职工个人签订的劳动合同约定的劳动条件和劳动报酬等标准，不得低于集体合同或专项集体合同的规定。

第七条　县级以上劳动保障行政部门对本行政区域内用人单位与本单位职工开展集体协商、签订、履行集体合同的情况进行监督，并负责审查集体合同或专项集体合同。

第二章　集体协商内容

第八条　集体协商双方可以就下列多项或某项内容进行集体协商，签订集体合同或专项集体合同：

（一）劳动报酬；

（二）工作时间；

（三）休息休假；

（四）劳动安全与卫生；

（五）补充保险和福利；

（六）女职工和未成年工特殊保护；

（七）职业技能培训；

（八）劳动合同管理；

（九）奖惩；

（十）裁员；

（十一）集体合同期限；

（十二）变更、解除集体合同的程序；

（十三）履行集体合同发生争议时的协商处理办法；

（十四）违反集体合同的责任；

（十五）双方认为应当协商的其他内容。

第九条 劳动报酬主要包括：

（一）用人单位工资水平、工资分配制度、工资标准和工资分配形式；

（二）工资支付办法；

（三）加班、加点工资及津贴、补贴标准和奖金分配办法；

（四）工资调整办法；

（五）试用期及病、事假等期间的工资待遇；

（六）特殊情况下职工工资（生活费）支付办法；

（七）其他劳动报酬分配办法。

第十条 工作时间主要包括：

（一）工时制度；

（二）加班加点办法；

（三）特殊工种的工作时间；

（四）劳动定额标准。

第十一条 休息休假主要包括：
（一）日休息时间、周休息日安排、年休假办法；
（二）不能实行标准工时职工的休息休假；
（三）其他假期。
第十二条 劳动安全卫生主要包括：
（一）劳动安全卫生责任制；
（二）劳动条件和安全技术措施；
（三）安全操作规程；
（四）劳保用品发放标准；
（五）定期健康检查和职业健康体检。
第十三条 补充保险和福利主要包括：
（一）补充保险的种类、范围；
（二）基本福利制度和福利设施；
（三）医疗期延长及其待遇；
（四）职工亲属福利制度。
第十四条 女职工和未成年工的特殊保护主要包括：
（一）女职工和未成年工禁忌从事的劳动；
（二）女职工的经期、孕期、产期和哺乳期的劳动保护；
（三）女职工、未成年工定期健康检查；
（四）未成年工的使用和登记制度。
第十五条 职业技能培训主要包括：
（一）职业技能培训项目规划及年度计划；
（二）职业技能培训费用的提取和使用；
（三）保障和改善职业技能培训的措施。

第十六条 劳动合同管理主要包括：

（一）劳动合同签订时间；

（二）确定劳动合同期限的条件；

（三）劳动合同变更、解除、续订的一般原则及无固定期限劳动合同的终止条件；

（四）试用期的条件和期限。

第十七条 奖惩主要包括：

（一）劳动纪律；

（二）考核奖惩制度；

（三）奖惩程序。

第十八条 裁员主要包括：

（一）裁员的方案；

（二）裁员的程序；

（三）裁员的实施办法和补偿标准。

第三章 集体协商代表

第十九条 本规定所称集体协商代表（以下统称协商代表），是指按照法定程序产生并有权代表本方利益进行集体协商的人员。

集体协商双方的代表人数应当对等，每方至少 3 人，并各确定 1 名首席代表。

第二十条 职工一方的协商代表由本单位工会选派。未建立工会的，由本单位职工民主推荐，并经本单位半数以上职工同意。

职工一方的首席代表由本单位工会主席担任。工会主席可以书面委托其他协商代表代理首席代表。工会主席空缺的，首席代表由工会主要负责人担任。未建立工会的，职工一方的首席代表从协商代表中民主推举产生。

第二十一条　用人单位一方的协商代表，由用人单位法定代表人指派，首席代表由单位法定代表人担任或由其书面委托的其他管理人员担任。

第二十二条　协商代表履行职责的期限由被代表方确定。

第二十三条　集体协商双方首席代表可以书面委托本单位以外的专业人员作为本方协商代表。委托人数不得超过本方代表的1/3。

首席代表不得由非本单位人员代理。

第二十四条　用人单位协商代表与职工协商代表不得相互兼任。

第二十五条　协商代表应履行下列职责：

（一）参加集体协商；

（二）接受本方人员质询，及时向本方人员公布协商情况并征求意见；

（三）提供与集体协商有关的情况和资料；

（四）代表本方参加集体协商争议的处理；

（五）监督集体合同或专项集体合同的履行；

（六）法律、法规和规章规定的其他职责。

第二十六条　协商代表应当维护本单位正常的生产、工作秩序，不得采取威胁、收买、欺骗等行为。

协商代表应当保守在集体协商过程中知悉的用人单位的商业秘密。

第二十七条 企业内部的协商代表参加集体协商视为提供了正常劳动。

第二十八条 职工一方协商代表在其履行协商代表职责期间劳动合同期满的，劳动合同期限自动延长至完成履行协商代表职责之时，除出现下列情形之一的，用人单位不得与其解除劳动合同：

（一）严重违反劳动纪律或用人单位依法制定的规章制度的；

（二）严重失职、营私舞弊，对用人单位利益造成重大损害的；

（三）被依法追究刑事责任的。

职工一方协商代表履行协商代表职责期间，用人单位无正当理由不得调整其工作岗位。

第二十九条 职工一方协商代表就本规定第二十七条、第二十八条的规定与用人单位发生争议的，可以向当地劳动争议仲裁委员会申请仲裁。

第三十条 工会可以更换职工一方协商代表；未建立工会的，经本单位半数以上职工同意可以更换职工一方协商代表。

用人单位法定代表人可以更换用人单位一方协商代表。

第三十一条 协商代表因更换、辞任或遇有不可抗力等情形造成空缺的，应在空缺之日起15日内按照本规定产生新的代表。

第四章 集体协商程序

第三十二条 集体协商任何一方均可就签订集体合同或专项集体合同以及相关事宜，以书面形式向对方提出进行集体协商的要求。

一方提出进行集体协商要求的，另一方应当在收到集体协商要求之日起20日内以书面形式给以回应，无正当理由不得拒绝进行集体协商。

第三十三条 协商代表在协商前应进行下列准备工作：

（一）熟悉与集体协商内容有关的法律、法规、规章和制度；

（二）了解与集体协商内容有关的情况和资料，收集用人单位和职工对协商意向所持的意见；

（三）拟定集体协商议题，集体协商议题可由提出协商一方起草，也可由双方指派代表共同起草；

（四）确定集体协商的时间、地点等事项；

（五）共同确定一名非协商代表担任集体协商记录员。记录员应保持中立、公正，并为集体协商双方保密。

第三十四条 集体协商会议由双方首席代表轮流主持，并按下列程序进行：

（一）宣布议程和会议纪律；

（二）一方首席代表提出协商的具体内容和要求，另一方首席代表就对方的要求作出回应；

（三）协商双方就商谈事项发表各自意见，开展充分讨论；

（四）双方首席代表归纳意见。达成一致的，应当形成集体合同草案或专项集体合同草案，由双方首席代表签字。

第三十五条 集体协商未达成一致意见或出现事先未预料的问题时，经双方协商，可以中止协商。中止期限及下次协商时间、地点、内容由双方商定。

第五章 集体合同的订立、变更、解除和终止

第三十六条 经双方协商代表协商一致的集体合同草案或专项集体合同草案应当提交职工代表大会或者全体职工讨论。

职工代表大会或者全体职工讨论集体合同草案或专项集体合同草案，应当有 2/3 以上职工代表或者职工出席，且须经全体职工代表半数以上或者全体职工半数以上同意，集体合同草案或专项集体合同草案方获通过。

第三十七条 集体合同草案或专项集体合同草案经职工代表大会或者职工大会通过后，由集体协商双方首席代表签字。

第三十八条 集体合同或专项集体合同期限一般为 1 至 3 年，期满或双方约定的终止条件出现，即行终止。

集体合同或专项集体合同期满前 3 个月内，任何一方均可向对方提出重新签订或续订的要求。

第三十九条 双方协商代表协商一致，可以变更或解除集体合同或专项集体合同。

第四十条 有下列情形之一的，可以变更或解除集体合同或专项集体合同：

（一）用人单位因被兼并、解散、破产等原因，致使集体合

同或专项集体合同无法履行的；

（二）因不可抗力等原因致使集体合同或专项集体合同无法履行或部分无法履行的；

（三）集体合同或专项集体合同约定的变更或解除条件出现的；

（四）法律、法规、规章规定的其他情形。

第四十一条 变更或解除集体合同或专项集体合同适用本规定的集体协商程序。

第六章 集体合同审查

第四十二条 集体合同或专项集体合同签订或变更后，应当自双方首席代表签字之日起 10 日内，由用人单位一方将文本一式三份报送劳动保障行政部门审查。

劳动保障行政部门对报送的集体合同或专项集体合同应当办理登记手续。

第四十三条 集体合同或专项集体合同审查实行属地管辖，具体管辖范围由省级劳动保障行政部门规定。

中央管辖的企业以及跨省、自治区、直辖市的用人单位的集体合同应当报送劳动保障部或劳动保障部指定的省级劳动保障行政部门。

第四十四条 劳动保障行政部门应当对报送的集体合同或专项集体合同的下列事项进行合法性审查：

（一）集体协商双方的主体资格是否符合法律、法规和规章规定；

（二）集体协商程序是否违反法律、法规、规章规定；

（三）集体合同或专项集体合同内容是否与国家规定相抵触。

第四十五条 劳动保障行政部门对集体合同或专项集体合同有异议的，应当自收到文本之日起15日内将《审查意见书》送达双方协商代表。《审查意见书》应当载明以下内容：

（一）集体合同或专项集体合同当事人双方的名称、地址；

（二）劳动保障行政部门收到集体合同或专项集体合同的时间；

（三）审查意见；

（四）作出审查意见的时间。

《审查意见书》应当加盖劳动保障行政部门印章。

第四十六条 用人单位与本单位职工就劳动保障行政部门提出异议的事项经集体协商重新签订集体合同或专项集体合同的，用人单位一方应当根据本规定第四十二条的规定将文本报送劳动保障行政部门审查。

第四十七条 劳动保障行政部门自收到文本之日起15日内未提出异议的，集体合同或专项集体合同即行生效。

第四十八条 生效的集体合同或专项集体合同，应当自其生效之日起由协商代表及时以适当的形式向本方全体人员公布。

第七章　集体协商争议的协调处理

第四十九条 集体协商过程中发生争议，双方当事人不能协商解决的，当事人一方或双方可以书面向劳动保障行政部门提出协调处理申请；未提出申请的，劳动保障行政部门认为必要时也可以进行协调处理。

第五十条 劳动保障行政部门应当组织同级工会和企业组织等三方面的人员，共同协调处理集体协商争议。

第五十一条 集体协商争议处理实行属地管辖，具体管辖范围由省级劳动保障行政部门规定。

中央管辖的企业以及跨省、自治区、直辖市用人单位因集体协商发生的争议，由劳动保障部指定的省级劳动保障行政部门组织同级工会和企业组织等三方面的人员协调处理，必要时，劳动保障部也可以组织有关方面协调处理。

第五十二条 协调处理集体协商争议，应当自受理协调处理申请之日起30日内结束协调处理工作。期满未结束的，可以适当延长协调期限，但延长期限不得超过15日。

第五十三条 协调处理集体协商争议应当按照以下程序进行：

（一）受理协调处理申请；

（二）调查了解争议的情况；

（三）研究制定协调处理争议的方案；

（四）对争议进行协调处理；

（五）制作《协调处理协议书》。

第五十四条 《协调处理协议书》应当载明协调处理申请、争议的事实和协调结果，双方当事人就某些协商事项不能达成一致的，应将继续协商的有关事项予以载明。《协调处理协议书》由集体协商争议协调处理人员和争议双方首席代表签字盖章后生效。争议双方均应遵守生效后的《协调处理协议书》。

第八章　附　则

第五十五条　因履行集体合同发生的争议，当事人协商解决不成的，可以依法向劳动争议仲裁委员会申请仲裁。

第五十六条　用人单位无正当理由拒绝工会或职工代表提出的集体协商要求的，按照《工会法》及有关法律、法规的规定处理。

第五十七条　本规定于2004年5月1日起实施。原劳动部1994年12月5日颁布的《集体合同规定》同时废止。

中华全国总工会办公厅关于印发《深入开展集体协商质效评估工作方案》的通知

（总工办发〔2019〕8号　2019年3月20日）

各省、自治区、直辖市总工会，各全国产业工会：

现将《深入开展集体协商质效评估工作方案》印发给你们，请结合实际，认真组织实施集体协商质效评估工作，深入推进集体协商工作提质增效，更好地发挥集体协商制度协调劳动关系作用，促进劳动关系和谐稳定。各地工作进展情况，请及时报全国总工会权益保障部。

深入开展集体协商质效评估工作方案

为深入贯彻中国工会十七大提出的“以提质增效为重点深化集体协商工作”的任务要求，以深入开展集体协商质效评估工作（以下简称质效评估）为牵引，推动各级工会进一步提升集体协商工作质量、增强集体合同实效，进一步发挥集体协商制度协调劳动关系的基础性作用，现提出如下方案。

一、目标任务

通过建立和完善以职工参与率、知晓率、满意率和企业认可率为导向的集体协商质效评估体系，以开展质效评估为牵引，进一步规范集体协商的代表产生、协商准备、议题确定、协商过程、审议通过、审查备案等程序，增强集体协商的针对性和实效性，形成以促进解决企业和职工关心的问题、提升职工参与率、知晓率、满意率的工作导向，增强职工对集体协商工作的获得感和企业的认可度，进而增强工会组织的凝聚力和吸引力。力争通过三年时间，实现质效评估得分 80 分以上的集体协商建制企业（行业）达到 60% 以上，职工对集体协商工作的参与率达到 80% 以上、知晓率达到 90% 以上的目标。

二、指导原则

（一）坚持服务党政大局。以习近平新时代中国特色社会主义思想为指导，牢牢把握为实现中华民族伟大复兴的中国梦而奋斗的时代主题，通过深入开展质效评估，促进集体协商工作提质增效，推动企业完善产业工人技能形成机制和激励制度，引导职工主动提升技能素质、积极开展技术创新，在推动高质量发展中充分发挥主力军作用，助力企业增强活力和实现经济新旧动能转换。

（二）坚持促进企业发展。要鼓励以企业（行业）自评为主、外部评估为辅，引导企业（行业）对照评估体系，查找集体协商工作短板，不断提高工作质量。通过开展质效评估，建立完善以集体协商为主要载体的企业（行业）与职工协商对话沟通机制，引导职工对工资福利增长的合理预期，理性表达利益诉求，实现企业与职工共同发展、共渡难关、共享成果，形成利益共同体。

（三）坚持维护和发展职工权益。要把是否解决广大职工最关心、最直接、最现实的利益问题作为质效评估的重点内容，把组织动员职工全程参与、增强职工获得感作为质效评估的目标，推动使集体协商工作真正反映职工意愿、体现职工诉求，努力实现在促进企业发展中维护好职工合法权益。

三、工作要求

（一）细化完善评估体系。各级工会要参照企业（行业）集体协商质效评估体系（附件1、2），根据本地实际和工作侧重，进一步分解细化各项评估标准，构建适合本地区（行业）和企业实际的集体协商质效评估体系，促进集体协商工作质量的不断提升。

（二）大力推广评估体系。各级工会要根据工作要求，将评估体系转化为集体协商工作业务指引、流程解释、指导手册等，结合实际推广应用评估体系。要将评估体系作为集体协商培训工作的重点，使各级从事集体协商工作的工会干部和指导员了解评估体系，掌握质效评估工作流程，引导树立新时代集体协商工作的正确导向，推动质效评估广泛、持续、健康发展。

（三）多形式开展质效评估。各级工会要鼓励企业（行业）集体协商双方在一个集体协商工作流程结束后进行内部自我评估，发现问题不足，进一步改进集体协商工作。鼓励各地区工会或者协调劳动关系三方根据工作需要，联合或单独进行外部评估，并向被评估企业（行业）反馈评估结果，指出问题，督促改进。要把专职集体协商指导员作为开展质效评估的重要力量。鼓励引入第三方调查机构参与评估，增强质效评估的客观性和准确性。

（四）充分使用评估结果。各级工会要将评估结果运用到工会组织的各项工作中，与基层组织建设、民主管理等工作互相促进，推动工会工作水平不断提高。各地区可根据评估结果对企业（行业）的集体协商工作进行分级评定，并作为推选“劳动关系和谐企业”“模范职工之家”等荣誉称号的重要参考。

（五）切实加强组织领导。各级工会要从贯彻落实党中央、国务院决策部署，切实履行工会基本职责，增强工会组织凝聚力的高度，认识加强集体协商质效评估机制建设的重要意义，切实加强组织领导，结合实际推动质效评估深入开展。各级工会要由集体协商工作部门牵头，制定周密工作计划，推动集体协商建制企业（行业）普遍开展质效评估，促进集体协商工作提质增效，增强职工的获得感、幸福感和安全感。全总将适时对各地质效评估推进情况进行调研指导，并总结通报各地进展情况和成功经验。

附件：1. 企业集体协商质效评价标准表
　　　2. 行业集体协商质效评价标准表
　　　3. 集体协商质效综合评价问卷（A 职工方）
　　　4. 集体协商质效综合评价问卷（B 行政方）

附件 1

企业集体协商质效评价标准表

项目	分值	子项目	标准	要求		要求		信息来源（仅供参考）
协商主体	10 分	1. 职工方代表	职工方协商代表通过民主程序产生，向全体职工公示	基本标准 1	2 分			职代会记录等文件或公示材料
			职工方协商代表结构合理，有基层职工代表	基本标准 2	2 分			协商代表信息表
			女职工 / 劳务派遣工总数超过本企业用工一定比例的，应有其协商代表			示范标准 1	是 / 否	协商代表信息表
			工会主要负责人担任职工方首席协商代表，或由其书面委托其他负责人担任；未建工会的由职工代表大会或职工大会推举产生	基本标准 3	2 分			职代会记录或公示材料
			建立并实施职工方协商代表述职、质询、评议、撤换等制度			示范标准 2	是 / 否	有关文件

续 表

项目	分值	子项目	标准	要求		要求		信息来源（仅供参考）
协商主体	10 分	2. 行政方代表	企业主要负责人担任行政方首席协商代表或由其书面委托其他负责人担任	基本标准 4	2 分			协商代表信息表或委托书
		3. 代表履职	协商代表正常参加集体协商会议；职工方协商代表在协商中据理陈述，履职尽责	基本标准 5	2 分			协商会议记录
协商程序	25 分	4. 要约/准备	协商要约和应约均采用书面形式且时间、内容、格式等符合相关规定	基本标准 6	1 分			要约书和应约书
			协商代表经过相关培训			示范标准 3	是 / 否	培训教材和培训签到表
			工会或职工方协商代表开展集体协商宣传动员，征集协商议题或调查各类职工的诉求和意见，覆盖一定比例的职工	基本标准 7	4 分	示范标准 4（征集意见覆盖一半以上的职工）	是 / 否	相关工作记录及反馈意见
			企业方向职工方协商代表提供集体协商所必需的有关数据资料，所提供资料准确、完整	基本标准 8	2 分			有关材料
			企业为职工方协商代表履行职责提供必需的工作条件和工作时间，依法落实保障职工方协商代表履行职责的相关规定或措施	基本标准 9	1 分			协商会议方案及职工方代表反馈

续 表

项目	分值	子项目	标准	要求		要求		信息来源（仅供参考）
协商程序	25 分	4. 要约/准备	职工方协商代表收集本地区最低工资标准、工资指导线、人力资源市场工资指导价位以及主要岗位（工种）的市场工资水平等数据，认真分析和有效利用相关数据、资料			示范标准 5	是 / 否	有关分析材料
			工会在开展正式协商前向上级工会进行预报			示范标准 6	是 / 否	有关材料
			协商双方制定协商方案，明确协商重点			示范标准 7	是 / 否	方案文本
		5. 协商/签约	以劳动报酬为主要内容的专项集体协商每年至少开展一次，签订工资专项集体合同	基本标准 10	3 分			集体合同草案文本
			协商会议原始记录详尽、准确且经双方代表、记录员签字	基本标准 11	2 分			协商会议记录
			协商过程顺利；或者协商过程中难以达成一致意见时能够主动争取上级工会和有关部门指导、协调，以合法方式解决分歧	基本标准 12	2 分			沟通记录
			集体协商结果签订集体合同，集体合同及时续签	基本标准 13	2 分			集体合同草案文本
			双方应急、应事开展协商协调，结果形成书面记录			示范标准 8	是 / 否	相关文字材料

续　表

项目	分值	子项目	标准	要求		要求		信息来源（仅供参考）
协商程序	25分	6. 合同生效	集体协商进展通过恰当方式向职工通报			示范标准9	是/否	通报文本或会议记录
			职工代表大会（职工大会）审议通过集体合同（含专项集体合同）草案	基本标准14	3分			职代会相关文件
			将集体合同报送人社行政部门	基本标准15	2分			有关材料
			企业在规定时间内采取书面形式向职工公布生效的集体合同，采用其他形式公布的应留存有关图文资料	基本标准16	3分			有关图文资料
协商内容	30分	7. 内容	集体合同文本各条款可操作性强	基本标准17	5分			集体合同文本
			集体合同符合企业实际，能够体现本企业特色	基本标准18	10分			集体合同文本
			涉及工资调整幅度的约定符合当地工资指导线的要求，增长幅度与本企业整体发展相协调；涉及工资水平的约定与劳动力市场供求关系和企业劳动生产率相适应；工作时间、休息休假、劳动安全卫生保护、女职工权益、社会保险、职业技能培训等方面约定的权益保障水平优于法律规定	基本标准19	10分			集体合同文本

续　表

项目	分值	子项目	标准	要求		要求		信息来源（仅供参考）
协商内容	30 分	7. 内容	每次协商至少解决 1 个本企业职工最关心的劳动报酬、工作时间、休息休假、劳动安全卫生、女职工权益或保险福利方面的问题	基本标准 20	5 分			协商会议记录或集体合同文本
			每次协商至少解决 1 个有助于企业和职工共同发展的劳动相关问题（职工技能提升、人才队伍稳定、发明创造奖励、技能参与分配等）			示范标准 10	是 / 否	协商会议记录或集体合同文本
			协商代表提出的各方面诉求有一半能达成一致，落实到集体合同中			示范标准 11	是 / 否	协商会议记录或集体合同文本
合同履行及效果	15 分	8. 合同履行	企业成立集体合同履约监督组织或由协商代表履行监督职责，至少每年开展一次集体合同履行情况的监督检查，对发现的问题及时沟通	基本标准 21	3 分			相关文件或规定
			企业至少每年向职代会报告一次集体合同履行情况	基本标准 22	3 分			职代会相关文件
			企业对集体合同履行情况监督检查反映的问题有改进办法和措施			示范标准 12	是 / 否	工作记录及反馈意见

续　表

项目	分值	子项目	标准	要求		要求		信息来源（仅供参考）
合同履行及效果	15分	8. 合同履行	集体合同中有针对履行监督检查的条款，或专门制定集体合同履行的实施办法，主体明确，责任明晰			示范标准13	是/否	相关文件或规定
			集体合同能够完全履行或经协商调整后履约率达到100%	基本标准23	3分			集体合同、报表及工作总结
		9. 协商成效	职工法定权益得到有效保障（五险一金、加班费的计算基数和比例，带薪年休假等）	基本标准24	4分			集体合同文本
			未发生集体劳动争议	基本标准25	2分			相关报告或记录
			在行业市场未发生大的改变的情况下，企业劳动生产率稳步提高			示范标准14	是/否	报表
			自然离职率不高于集体协商之前的水平或不高于同行业企业平均水平			示范标准15	是/否	有关材料
综合评价	20分	10. 职工知晓度	对集体协商建制、集体协商进展、集体协商结果、集体合同履行情况的了解程度的评价得分（10分制，平均分）	4分				问卷

续 表

项目	分值	子项目	标准	要求	要求	信息来源（仅供参考）
综合评价	20分	11. 职工参与度	参与选举协商代表、向协商代表反映意见建议的评价得分（10分制，平均分）	4分		问卷
		12. 职工满意度	对协商代表履职尽责、集体协商结果及集体合同落实情况的满意度评价得分（10分制，平均分）	6分		问卷
		13. 企业认可度	对集体协商结果及落实情况的评价得分（10分制，平均分）	6分		问卷

附件 2

行业集体协商质效评价标准表

项目	分值	子项目	标准	要求		要求		信息来源（仅供参考）
协商主体	15 分	1. 职工方代表	行业工会代表职工方参加集体协商；未组建行业工会的，由上级工会或行业所在区域的（产业）工会代行协商职能	基本标准 1	2 分			公示文件
			职工方协商代表由行业工会选派；未组建行业工会的，职工方协商代表由行业所在地方工会选派。职工方代表产生后，向行业内各企业公布	基本标准 2	3 分			职代会相关文件，公示文件
			职工方协商代表结构合理，有基层职工代表			示范标准 1	是 / 否	协商代表信息表
			首席协商代表由行业工会主席担任。未组建行业工会的，由代行协商职能的工会负责人担任或选派，或在上级工会指导下从本行业内企业工会主席中民主推举产生，或由职工协商代表选举产生	基本标准 3	2 分			职代会相关文件，公示文件

续 表

项目	分值	子项目	标准	要求		要求		信息来源（仅供参考）
协商主体	15分	2. 行政方代表	行政方协商主体为行业内企业代表组织或者由行业内各企业推荐的代表组成	基本标准4	2分			协商代表信息表
			行政方首席协商代表由行业协会主席或企业方代表组织负责人担任。没有上述组织的，由行政方协商代表共同推荐人员担任	基本标准5	3分			协商代表信息表，推荐表
		3. 代表履职	协商代表正常参加协商会议，职工方代表在协商中履职尽责	基本标准6	3分			协商会议记录
协商程序	25分	4. 要约/准备	协商要约和应约均采用书面形式且时间、内容、格式等符合相关规定	基本标准7	2分			要约书和应约书
			协商代表经过相关培训或聘用律师或专业人士作为协商顾问			示范标准2	是/否	培训教材和培训会签到表
			职工方协商代表开展集体协商宣传动员，征集协商议题或调查各类职工的诉求和意见，覆盖一定比例的职工	基本标准8	4分			工作记录及反馈意见
			行政方为职工方协商代表履行职责提供必需的工作条件和工作时间，依法落实保障职工方协商代表履行职责的相关规定或措施	基本标准9	2分			协商会议记录

续　表

项目	分值	子项目	标准	要求		要求		信息来源（仅供参考）
协商程序	25分	4. 要约/准备	职工方协商代表收集本地区和行业最低工资标准、工资指导线、人力资源市场工资指导价位以及主要岗位（工种）在岗职工工资水平、工时工价、劳动定额、缺工情况等数据，认真分析和有效利用相关数据、资料			示范标准3	是/否	有关分析材料
			行政方在协商开始之前向职工方协商代表提供集体协商所必需的有关数据资料，所提供资料准确、完整			示范标准4	是/否	有关材料
			双方首席协商代表在协商会议前进行多层次的充分沟通与磋商			示范标准5	是/否	沟通记录
			协商双方制定协商方案，明确协商重点			示范标准6	是/否	方案文本
		5. 协商/签约	以劳动报酬为主要内容的专项集体协商每年至少开展一次，签订工资专项集体合同			示范标准7	是/否	集体合同文本
			协商会议原始记录详尽、准确且经双方代表、记录员签字	基本标准10	3分			协商会议记录
			协商过程顺利；或者协商过程中难以达成一致意见时能够主动争取上级工会和有关部门指导、协调，以合法方式解决分歧	基本标准11	2分			沟通记录

续 表

项目	分值	子项目	标准	要求		要求		信息来源（仅供参考）
协商程序	25 分	5. 协商/签约	集体协商结果签订集体合同，集体合同及时续签	基本标准 12	2 分			集体合同草案文本
		6. 合同生效	集体合同草案经行业职工代表大会审议通过或以企业为单位征求意见	基本标准 13	4 分			职代会相关文件或征求意见记录
			将集体合同报送人社行政部门	基本标准 14	2 分			有关材料
			在规定时间内采取网络、报纸、张贴文告等形式向行业职工公布生效的集体合同，留存有关图文资料	基本标准 15	4 分			有关图文资料
协商内容	20 分	7. 内容	集体合同文本各条款可操作性强	基本标准 16	3 分			集体合同文本
			集体合同符合行业实际，能够体现行业特色	基本标准 17	4 分			集体合同文本
			每次协商至少解决 1 个职工最关心的劳动报酬、工作时间、休息休假、劳动安全卫生、保险福利方面的问题	基本标准 18	10 分			集体合同文本

续 表

项目	分值	子项目	标准	要求		要求		信息来源（仅供参考）
协商内容	20 分	7. 内容	明确规定覆盖范围内的企业可以一定方式认可行业集体合同，符合要求的企业应开展二次协商	基本标准 19	3 分			集体合同文本
			涉及工资调整幅度的约定符合当地工资指导线的要求，增长幅度与行业整体发展相协调；涉及工资水平的约定与劳动力市场供求关系和劳动生产率相适应；工作时间、休息休假、劳动安全卫生保护、女职工权益、社会保险、职业技能培训等权益保障水平优于法律规定			示范标准 8	是 / 否	集体合同文本
			对国家和本地区没有明确规定的主要工种劳动定额、计件工价、计时工资、加班加点工资计算基数等内容进行约定			示范标准 9	是 / 否	集体合同文本
			每次协商至少解决 1 个有助于行业发展的劳动相关问题			示范标准 10	是 / 否	相关材料
合同履行及效果	20 分	8. 合同履行	行业成立集体合同履约监督组织或由协商代表履行监督职责，至少每年开展一次集体合同履行情况的监督检查，对发现的问题及时沟通	基本标准 20	10 分			相关文件或规定

续 表

项目	分值	子项目	标准	要求		要求		信息来源（仅供参考）
合同履行及效果	20 分	8. 合同履行	行业对集体合同履行情况监督检查反映的问题有改进办法和措施			示范标准 11	是 / 否	职代会相关文件
			集体合同履约率 100%，或经协商调整后履约率达到 100%	基本标准 21	5 分			工作记录及反馈意见
		9. 协商成效	集体合同实际覆盖本行业企业的比率不断提高			示范标准 12	是 / 否	工作报表
			行业劳动关系和谐，未发生行业性集体劳动争议	基本标准 22	5 分			有关报告记录
			行业内一定比例企业的职工自愿离职率不高于协商之前的水平			示范标准 13	是 / 否	有关材料
综合评价	20 分	10. 职工知晓度	对本行业集体协商建制、集体协商进展、集体协商结果、集体合同履行情况的了解程度的评价得分（10 分制，平均分）	4 分				问卷
		11. 职工参与度	参与选举行业集体协商代表、向协商代表反映意见建议的评价得分（10 分制，平均分）	2 分				

续 表

项目	分值	子项目	标准	要求	要求	信息来源（仅供参考）
综合评价	20 分	12. 职工满意度	对行业集体协商代表履职尽责、集体协商结果及集体合同落实情况的满意度评价得分（10 分制，平均分）	7 分		问卷
		13. 企业认可度	对行业集体协商结果及落实情况的评价得分（10 分制，平均分）	7 分		问卷

附件 3

集体协商质效综合评价问卷（A 职工方）

您所在企业名称：

您的工作岗位是（可根据实际情况多选）：（ ）

A. 中层干部 B. 普通管理岗位 C. 工程技术研发岗位 D. 一线生产操作岗位

E. 营销岗位 F. 后勤辅助服务岗位 G. 以上都不是

您是（可根据实际情况多选）：（ ）

A. 专职工会干部 B. 兼职工会干部 C. 集体协商代表 D. 以上都不是

请把选项字母填写在题目后面的括号中	
1	您知道本企业（行业）开展的集体协商工作吗？（ ）
	A. 清楚 B. 比较了解 C. 了解一些 D. 从没听说
2	您知道本企业（行业）集体合同的主要内容吗？（ ）
	A. 清楚 B. 知道大部分内容 C. 不太清楚 D. 不了解
3	您知道本企业（行业）集体合同内容的落实情况吗？（ ）
	A. 知道 B. 知道一些 C. 不太清楚 D. 不知道
4	您参与本企业、行业集体协商代表的推选了吗？（ ）
	A. 直接参加了投票或通过职工代表大会审议代表人选 B. 协商代表由工会指派，见到过代表名单的公示 C. 协商代表由工会指派，未见到过代表名单的公示 D. 不清楚协商代表是如何产生的
5	您向本企业（行业）集体协商代表或工会组织反映问题、意见和意愿了吗？（ ）
	A. 直接提了书面或口头意见 B. 通过本部门（车间、小组）反映了意见 C. 被征求过意见，本人没有什么意见 D. 根本不知道征求意见的事

续 表

6	您对本企业（行业）集体协商代表履职尽责情况是否满意？（ ）
	A. 满意 B. 基本满意 C. 不太满意 D. 很不满意
7	您认为本企业（行业）集体合同的内容如何，是否满意？（ ）
	A. 内容符合实际，比较满意 B. 对维护职工劳动者权益有一定作用，但作用不大 C. 都是些空的内容，没有实质意义，不太满意 D. 不能发挥作用，很不满意
8	您对本企业（行业）集体合同的落实情况是否满意？（ ）
	A. 满意 B. 基本满意 C. 不太满意 D. 很不满意
9	您对本企业（行业）工会维护劳动者权益工作是否满意？（ ）
	A. 满意 B. 基本满意 C. 不太满意 D. 很不满意
10	您对进一步改进本企业（行业）的集体协商工作的意见建议？

（问卷到此结束， 谢谢您的大力支持）

调查员： 调查时间：

附件 4

集体协商质效综合评价问卷（B 行政方）

您所在企业名称：
您所担任的职务：

请把选项字母填写在题目后面的括号中	
1	您认为建立集体协商机制是企业必须开展的一项工作吗？（　）
	A. 很有必要　B. 有必要　C. 不太必要　D. 没必要
2	您对集体协商关注的程度是？（　）
	A. 关注　B. 一般关注　C. 不太关注　D. 不关注
3	您对本企业（行业）集体协商结果的整体满意程度是？（　）
	A. 满意　B. 基本满意　C. 不太满意　D. 很不满意
4	您认为本企业（行业）集体协商对调动职工积极性和保持职工队伍稳定有作用吗？　（　）
	A. 有明显作用　B. 有一些作用　C. 作用不明显　D. 没作用
5	您认为本企业（行业）集体协商对调动员工积极性、提高劳动生产率有用吗？（　）
	A. 有明显作用　B. 有一些作用　C. 作用不明显　D. 没作用
6	您认为本企业（行业）集体协商对构建和谐劳动关系有用吗？（　）
	A. 有明显作用　B. 有一些作用　C. 作用不明显　D. 没作用
7	您认为工会工作有利于企业发展和员工队伍建设吗？（　）
	A. 有明显作用　B. 有一些作用　C. 作用不明显　D. 没作用
8	您对进一步改进本企业（行业）的集体协商工作的意见建议？

（问卷到此结束，谢谢您的大力支持）

调查员：　　　　　　　　　　　　　　调查时间：

中华全国总工会关于加强专职集体协商指导员队伍建设的意见

（总工发〔2019〕19号　2019年6月21日）

为进一步依法推动集体协商工作创新发展，促进集体协商提质增效，努力造就一支高素质的专职集体协商指导员队伍，为开展集体协商工作提供有力的人才支撑，现就加强专职集体协商指导员队伍建设提出如下意见。

一、重要意义

推进集体协商机制建设，是发展社会主义协商民主、完善政府、工会、企业共同参与的协商协调机制的重要内容，也是工会维护职工权益、构建和谐劳动关系的一项基础性、战略性、长期性的重要任务。新形势下加强专职集体协商指导员队伍建设，努力建设一支懂法律、会维护、善协商的专职集体协商指导员队伍，推动集体协商工作创新发展，是履行好工会维护职工合法权益、竭诚服务职工群众基本职责的客观需要，对于推动实现企业与职工协商共事、机制共建、效益共创、利益共享，推动构建中国特色和谐劳动关系，具有十分重要的现实意义。

二、指导思想和工作目标

（一）指导思想。坚持以习近平新时代中国特色社会主义思想为指导，全面贯彻党的十九大精神和习近平总书记关于工人阶级和工会工作的重要论述，进一步做好集体协商提质增效工作，坚持不懈地推进集体协商制度建设，着力建设一支高素质专业化的工会集体协商指导员队伍。

（二）工作目标。加强集体协商指导员队伍建设，应坚持专兼职结合、以兼职为主，更加注重发挥专职集体协商指导员的优势和作用。通过建立规范化的专职集体协商指导员选聘、管理、使用和培养制度，培养造就高素质的专职集体协商指导员队伍，着力解决县（区、旗）、乡镇（街道）、企业工会开展集体协商工作力量和能力不足的问题，确保集体协商工作深化发展。聘用专职集体协商指导员，原则上省级总工会2—3人，地市及县级总工会不少于3人。企业比较集中、职工人数较多的乡镇（街道）总工会和开发区（工业园区）工会可根据自身工作实际情况，合理配备专职集体协商指导员。各级工会聘用的专职集体协商指导员，原则上应分派到县及县以下行业、乡镇（街道）、开发区（工业园区）工会（工会联合会）开展工作。

三、主要职责

（一）宣传指导。面向企业（行业）宣传开展集体协商的意义和作用，提供政策法律咨询；推动企业建立完善集体协商机制，指导和帮助企业工会、行业性（区域性）工会联合会收集整理与集体协商相关的资料、收集职工意见，提出协商要约，拟定协商方案，研究协商策略，确定协商内容，起草集体合同草案等。

（二）参与培训。协助本级工会对负责集体协商工作的工会干部、职工方协商代表等进行业务培训，着力提高工会干部和职工方协商代表开展集体协商的能力和水平。

（三）参加协商。接受上级工会指派或接受企业工会、行业性（区域性）工会联合会委托，作为职工方协商代表直接参加集体协商。对集体协商过程中发生的重大问题，及时向本级工会报告并提出意见建议。

（四）调查研究。调查了解地区、行业、企业人工成本、经营状况以及与集体协商相关的各种数据和信息，为基层工会开展集体协商提供数据支持；及时了解本地区开展集体协商工作的最新动态，发现和总结本地区先进经验和做法；对履行职责过程中面临的新情况、新问题进行调查研究，提出解决的对策建议。

（五）监督检查。按照本级工会的统一部署，参加对本地区集体合同履行情况的定期监督检查，协助本级工会对集体协商工作开展情况进行监督指导。

四、选聘条件

（一）认真贯彻习近平新时代中国特色社会主义思想，坚定不移走中国特色社会主义工会发展道路，政治立场坚定，品行端正，作风严谨，办事公道，热心服务职工群众，廉洁自律，具有较强的事业心和责任感。

（二）掌握国家和地方劳动法律法规和相关政策，熟悉企业人力资源管理、财务制度，以及劳动工资、社会保障、劳动安全卫生等相关专业知识。

（三）熟悉集体协商工作，具备一定的集体协商专业知识和实践经验，有较强的组织协调能力、协商谈判能力和研究解决问题的能力。

（四）身体健康，能独立承担参加协商、调查研究、工作指导和培训教学等任务。

选聘专职集体协商指导员应优先选用具有协调劳动关系专业资质及曾在劳动人事和法律援助机构工作的人员，将具有一定专业知识、热心服务职工群众的人才纳入专职集体协商指导员队伍中来。

五、选聘办法和要求

（一）选聘办法。

各地应根据本地企业、职工队伍和劳动关系情况，科学合理制定人员选聘办法，有序推进专职集体协商指导员队伍建设。

1. 工会直接选聘人员。各地工会可优先从机关事业单位、企业的离岗退休人员中选聘。专职集体协商指导员年龄一般不超过 65 周岁，特殊需要的经上一级工会同意可延聘至 68 周岁。

2. 开发工会社会工作者岗位。对接本地区工会社会工作专业人才队伍体系，采用购买岗位或者设置专业岗位等方式，从本地区工会社会工作人才队伍中配置专门人员担任专职集体协商指导员。

3. 购买社会组织服务。工会大力培育孵化职工服务类社会组织，面向具有专业资质的社会组织购买集体协商工作相关服务，由社会组织承接工会集体协商工作任务或提供相关专业人才。

（二）选聘要求。

1. 严格选聘标准。按照专职集体协商指导员的职责任务和选聘条件，坚持公开、平等、竞争、择优的原则，严把准入门槛，规范选聘程序，建立规范化的选聘工作制度。

2. 分级聘任管理。省（区、市）总工会可以直接从符合条件的人员中择优选聘。各地（市）级及以下地方总工会、开发区（工业园区）工会可从符合条件的各类人员中择优选聘，统一培训、考试合格后颁发聘任证书，登记注册、建立档案，报上级工会备案。各省（区、市）总工会应每年将辖区内聘用的专职集体协商指导员基本情况报全国总工会权益保障部备案。

六、管理制度

通过制定相应办法、完善工作机制，建立健全专职集体协商指导员工作保障、考核激励、定期培训、联系沟通、职业发展等制度，保障专职集体协商指导员队伍长期稳定发展。

（一）工作保障制度。建立健全专职集体协商指导员薪酬或补贴制度。各级工会应根据当地经济社会发展水平，统筹考虑社会平均工资、其他社会工作者薪酬等因素，合理确定薪酬标准和增长机制。完善专职集体协商指导员工作保障机制，为其开展工作提供必要的办公条件，合理解决其交通费、伙食费、差旅费、保险费、通信费等。

（二）考核激励制度。建立分级考核制度，按照不同的管理权限和工作要求，建立岗位责任制，量化考核指标；定期开展工作业绩评估考核，根据考核情况决定续聘、解聘或调整工作，对工作业绩特别突出的专职集体协商指导员应给予适当奖励。

（三）定期培训制度。制定专职集体协商指导员培训规划，有计划、有重点，分步骤、分层次开展培训，创新培训方法，拓展培训内容，通过集中学习、交流观摩、模拟协商、典型案例分析等多种形式，逐步提升专职集体协商指导员的专业水平。

（四）联系沟通制度。建立工会组织与本级聘用的专职集体协商指导员之间定期联系沟通制度，及时安排部署工作、交流通报情况、研究解决问题，进一步增强专职集体协商指导员队伍的凝聚力、责任感、归属感。

（五）职业发展制度。注重当前需要和长远发展相结合，探索建立专职集体协商指导员职业发展通道，鼓励他们参加相关专业技术考试和职业资格认证，拓展职业发展空间，逐步建立专职集体协商指导员的人才培养制度。

七、有关要求

（一）加强组织领导。各级工会要切实加强组织领导，研究制定发展规划，落实工作保障机制，确保专职集体协商指导员队伍健康发展、发挥作用。要把加强专职集体协商指导员队伍建设作为一项长期性、基础性工作来抓，努力培养造就一支善于协调劳动关系的人才队伍。

（二）明确职责任务。各级工会要进一步明确职责任务，分级抓好落实。省级总工会负责统一制定管理办法和工作细则，建立本省专职集体协商指导员数据库，加强工作考核，确保本地区各级工会足额配齐配强专职集体协商指导员。各级地方总工会负责本级工会聘用的专职集体协商指导员的日常管理，建立工作档案，定期督促检查，开展年度考核，充分发挥专职集体协商指导员作用。

（三）强化经费保障。各级工会要建立和完善专职集体协商指导员队伍经费保障机制。全国总工会将根据专职集体协商指导员队伍建设情况给予适当补贴。各省（含省）以下地方总工会要列支专项经费对下级工会进行补助，保障本地专职集体协商指导员队伍的稳定和发展。各级工会要结合实际，因地制宜，结合绩效评价工作，对于专项经费发挥效益好的，应加大支持力度。

（四）强化督促检查。聘用专职集体协商指导员的专项经费必须做到专款专用。全国总工会将不定期对专项经费及配套资金的落实和使用情况进行检查。对不按规定列支专项经费的，全国总工会将缓拨或减拨下一年度该项经费；挪用该专项经费或虚报聘用专职集体协商指导员人数的，全国总工会将停拨该专项经费。各级地方工会要采取经常性督查和随机抽查等方式，及时了解掌握本地区专职集体协商指导员专项经费使用情况，加强对选派到县及县以下行业、乡镇（街道）、开发区（工业园区）工会（工会联合会）工作的专职集体协商指导员的指导和服务。

（五）营造良好氛围。各级工会要进一步加大宣传力度，推动形成有利于专职集体协商指导员队伍充分发挥作用的良好社会氛围；要积极争取党委、政府、人大、政协以及社会各界对这项工作的关心支持，形成齐抓共管的良好局面。

各级产业工会可根据工作需要建立专职集体协商指导员队伍，参照本意见执行。

图书在版编目（CIP）数据

集体协商集体合同工作百问百答 / 肖鹏，谢巍编著.
—北京：中国工人出版社，2022.4
ISBN 978-7-5008-7906-0

Ⅰ.①集… Ⅱ.①肖… ②谢… Ⅲ.①集体合同—合同制—中国—问题解答 Ⅳ.①D922.52-44

中国版本图书馆CIP数据核字（2022）第059845号

集体协商集体合同工作百问百答

出 版 人	董 宽
责任编辑	赵晨羽 周子欣
责任校对	张 彦
责任印制	栾征宇
出版发行	中国工人出版社
地 址	北京市东城区鼓楼外大街45号 邮编：100120
网 址	http://www.wp-china.com
电 话	（010）62005043（总编室） （010）62005039（印制管理中心） （010）62382916（工会与劳动关系分社）
发行热线	（010）82029051 62383056
经 销	各地书店
印 刷	北京市密东印刷有限公司
开 本	880毫米×1230毫米 1/32
印 张	7
字 数	140千字
版 次	2023年8月第1版 2025年8月第2次印刷
定 价	42.00元

本书如有破损、缺页、装订错误，请与本社印制管理中心联系更换